これから書くのは、髪の話でもあり
人生をどう生きていくかの話でもあります。
髪には、人生を変える力が、あります。

ヘアライター　佐藤友美

女は、髪と、生きていく

髪には「性格」があります。

元気な髪、落ち着いた髪、クールな髪、色っぽい髪、清楚な髪……。

あなたがどんな自分になりたいかを考えて、それを髪で表現することができたら、人生が変わります。

髪について考えることは、あなたが、これからの人生をどう生きていきたいかを考えることです。

そして、「(本当の意味での)似合う髪型」を手に入れることができたら、あなたの人生は、必ず良い方向にまわりはじめます。

「たかが髪で、そんな大げさな」と思われるかもしれません。

でもそれはきっと多くの方が、「似合う髪型」のことを、たんに顔型や髪質に似合う髪型のことだと思っているからだと思います。うんうん、たしかに似合う髪型をすれば綺麗に見えるよね。小顔に見えるよね。クセ毛が目立たなくなるよね……etc。

けれども、それは、「似合う」のせいぜい半分です。

私は、ヘアライターとして、この20年の間に4万人を超える女性のヘアチェンジの瞬間に立ちあってきました。またヘアアドバイザーとして、髪に悩みを持つ全国の女性の話を聞いてきました。

その経験から言えるのは、**顔や髪質に似合うのと同じくらい、いえ、それ以上に大事なのは、その髪型があなたの「心に似合う」こと**なのです。

心に似合う髪型をしている人は、人生がうまくまわるようになります。

なぜかというと、「内面と外見」が一致するからです。

心に似合う髪型を身につけることは、言いかえれば、「自分がどんな自分でありたいか」を宣言することと同じです。

そして、見た目における髪の印象はとても強いので、「髪の印象」はそのまま、「あなたの印象」として相手に伝わります。

ということはつまり、**髪の力を借りれば、自分の印象を、自分で好きなように決めることができる**ということです。

自分の印象を決められるということは、あなたが人からどう扱われるかも、自分で決めることができるのです。

※

3年前、私は『女の運命は髪で変わる』という本で、**ファッションよりも、メイクよりも、ダイエットよりも、女性の印象を決めるのは髪**、とお伝えしました。

髪が大事。とにかく、髪。なにはなくとも髪……と、髪の重要性を連呼したこの本には、嬉しいことに、たくさんの方から反響をいただきました。

やった！　髪の重要性が伝わり、みんなが髪を大事にしてくれさえすれば、あとはもう全員が幸せになるのを待つだけ！　そう思っていました。

けれども、この本を書いたあと、全国各地の女性に会い、髪に対する悩みを深く聞いていくうちに、私は、重要なことに気づきました。

それは、髪に対して、**一番切実で一番根深い悩みは、「私にはどんな髪型が似合うの？」だった**ということです。

髪を大事にしようと思ったとき、ヘアケアやスタイリングの情報はすぐに手に入ります。毎日自分でやることだから、工夫して改善することもできます。

でも**肝心の髪型に関しては、ぼんやりとしかイメージできていない**。

こんな雰囲気にしたいと思っても、自分の顔や髪質に似合うかわからない。

しかも、美容師さん相手にどう相談すればいいかわからない。

自分の家で再現できるかどうかも不安。

最初にぶちあたり、しかも最後まで解決できない、自分一人ではどうにもならない悩み。それが「私にはどんな髪型が似合うの？」だったのです。

私は、思いました。

この悩みが解決できれば、もっとたくさんの人たちに、髪が持つ、最も強力で最も重要な力を、味わってもらうことができるはず！

髪が持つ、最も強力で重大な力——。

それはすなわち「なりたい自分になるために髪を使うこと」。

つまり、「**髪の持つ性格を知り、心に似合う髪型を手に入れ、自分らしく生きられるようになること**」です。


自分らしく生きたい。自分を好きになり自信を持ちたい——。そう思ったとき、髪ほど頼りになる存在はありません。

なぜなら、髪型は、**顔や体型と違って人と比べる必要がありません。ショートヘアにもロングヘアにも素敵な髪型があるし、あなた史上一番素敵な髪型を選べばいいだけです**。人と自分を比べないですむと、人生が楽になります。とくに、今の時代には、とても生きやすくなります。

※

シャンプーを変えればツヤ髪を手に入れることはできます。ドライヤーの使い方ひとつで髪の見え方も変わります。髪の美しさは美人度に直結しますから、髪が綺麗であることはもちろん大事なことです（この本では、そういったヘアケアやスタイリングの方法も、しっかりお伝えします）。

でも、髪の力は、そんなもんじゃありません。「髪が綺麗になると綺麗に見えるよね！」だけじゃもったいなさすぎるのです。

髪にはもっと、根本的に、直接的に、あなたの人生を変える力があります。

だから私は、髪の力と髪型の力をもっと効果的に使う方法を知ってほしいと思って、この本を書いています。

届きますように！　みなさんに、届きますように！

この本の使い方

how to use

1章では、髪が人に与える影響について

2章では、髪があなたに与える影響について

3章では、それぞれの髪にどんな性格があるのか、
あなたの髪はどう見えているのか

4章では、実際の美容院でのオーダー法と、
美容院の選び方

5章では、手に入れた髪型のキープ法、ヘアケア、
スタイリングについて

そして6章では、髪と人生の関係について書きました。


興味のある部分から読んでくださって、大丈夫です。

「髪が人と自分にどんな影響を与えるかなんて、もう十分わかってる！　早く具体的なテクニックを教えて！」

という人は、3章から先がおすすめです。

もちろん、最初から最後まで読んでいただけたら、より、髪の力を上手に使ってもらえるはずです。

{ satoyumi }

Contents

目次

Chapter

02

髪が、あなたに与えてくれること 045

Chapter 03

髪を、あなたの武器にする

Chapter
05
髪に、あなたができること……189

Chapter
01

髪は、あなたを裏切らない

髪は、あなたが思っている以上に、
あなたの印象を左右します。

第一印象で、髪はあなたの雰囲気を伝えます。
第二印象で、髪はあなたの身代わりになります。
最終印象で、髪はあなたを記憶に留めます。

Chapter 01

髪は、あなたを裏切らない。

だから
あなたが一番なりたい自分を
あなたが一番あなたらしく感じられる自分を、
髪に託してみてください。

ファッションやメイクのプロほど髪ファースト

「髪が見た目に与える影響はとてつもなく大きい」と主張するのは、私のようなヘアライターだけではありません。むしろ、**ファッションやメイクのプロほど、「髪が一番大事」と言います**。

先日、ある女性誌に、「大人の女性が美しくあるために必要なこと」という企画で声をかけていただき、取材を受けるために編集部にお邪魔しました。

私がひとしきり、最初に変えるべきは髪です。ファッションもメイクも髪を決めてから選べばいいんですと、こぶしをぶんぶん振り回して話をしたところ、取材をしてくださった編集さんが苦笑いしながらこう言いました。

「あのね、さとゆみさん（私は、佐藤友美＝さとゆみと呼ばれています）。実は今回、ファッションのプロ、メイクのプロ、体型指導のプロ、そしてさとゆみさんをお呼びしたんです。でね、その方たちに『大人の女性が美しくあるために必要なこと』を聞いたら、**全員が全員、『一番大事なのは髪』とおっしゃったんですよ**」と。

あー！　やっぱり!!

そうなんです。実は、**ファッションやメイクのプロほど、「髪ファースト」であることを知っているのです**。

最初に意識すべきは髪。そして、もし自分を変えたいなら、やはり最初に変えるべきも髪です。

＊髪は体の一部で、顔の一部である

なぜ、他の要素よりも髪が重要で、髪を最初に変えると良いのか。それは、**髪が「体の一部」だから**だと私は考えます。

髪は、服と違って毎日着替えません。メイクと違って夜落とすこともありません。

一日中自分にくっついている、自分の体の一部。それが、髪です。

だからまず、①**自分との密着時間が長い。自分自身といってもいいくらいです。**

しかも、髪はまっすぐにしたり、曲げたり、切ったり、色を入れたり……と、自由自在に造形を変えられる場所でもあります。②**体の中で、ここまで自由に変化させられる場所は髪以外ありません。**

そして、③**変化の即効性がピカイチです。ダイエットほど時間もかかりません。**

もう一歩踏み込んでみましょう。髪は、体の一部であるどころか、顔の一部です。いいえ、顔の一部、というより、ほぼ顔です。

あなたはおそらく、眉や、まつ毛を、顔の一部だと思っているでしょう。でも、考えてみてください。髪だって「顔から生えている毛」です。眉やまつ毛が顔であるなら、④**髪だってもちろん、顔です。**

⑤**しかも、顔の中で最も面積が広い毛だから存在感も大きい。**

だから、その髪を自分の気に入るように変えれば、他のパーツもその髪に引きずられて、好循環サイクルに入ります。

見た目のアドバイスをする、さまざまなジャンルのプロフェッショナルが、「とにかく髪ファースト」と話す理由が、わかっていただけましたでしょうか。

Point

△ 女の見た目を決めるのはファッションとメイク
○ ファッションやメイクのプロほど、「髪」ファースト

第一印象は髪で決まる

第一印象に髪が与える影響はとても大きいといわれています。そして、世の中には、この髪が与える影響力をうまく使っている人たちがいます。

多くの漫画家さんは、**キャラクターを決めるときに、まず髪型と髪色を決める**そうです。髪型と髪色が決まれば、どんな言葉遣いをしていそうか、どんな家に住んでいそうか、どんな服装をしていそうか……などが決まりやすくなるのだとか。それくらい、**髪の印象が、全体の印象を決める**のです。

たとえば、漫画に出てくるセクシー担当の女性は、たいていボン・キュッ・ボンの髪型をしています。ボン・キュッ・ボンとは、トップにボリューム、首元で一度くびれ、毛先はまた広がる、『ルパン三世』の峰不二子のような髪型。髪色はブラウンかゴールド。漫画で色っぽい女性といえば、だいたいこれが定番です。

映画の中で、主人公が髪型を変えるシーンがあったら、それは、「これからこの人は、別人級に生まれ変わりますよ！」を予告しています。

たとえば『ローマの休日』でオードリー・ヘプバーンがばっさり髪を切ってショートヘアにするシーンがあります。これは、王女である型にはめられた自分を脱ぎ捨て、一人の恋する女性に生まれ変わることを象徴するシーンです。これもやはり、**髪を変えることで、登場人物のキャラが変わったことを印象づけている**のです。

＊アイドルも政治家も、髪で第一印象をコントロールしている

女性アイドルグループの髪型を思い出してみてください。長さは違えど、さらさらの黒髪ストレートが定番です。前髪はぱつんと切りそろえられていることが多いと思います。ベリーショートのアイドルや、金髪くるくるパーマのアイドルはほとんどいません。

これもやはり、**髪が第一印象を決めるルールをうまく使っている**例です。

「黒髪×ストレートヘア×ぱっつん前髪」が持つ、清楚感、幼さなどをうまく使うことで、「私たちは若くて幼い（まだ男性を知らない）少女です。あなたのための、アイドルですっ♡」を印象づけているのです。

政治家も、髪の第一印象をうまく使っています。女性の議員さんは、区議（市議）⇒都道府県議⇒国会議員⇒大臣となるにつれ、どんどん髪が短くなっていく傾向があります。これもやはり、自分の印象を髪で誘導しています。

たとえば、日本の歴代女性大臣は、9割以上ショートヘアです。「リーダーシップのある、パワフルな女性」という第一印象を髪で表現しているといえます。

一方、区議会議員や市議会議員は、あまり短すぎない、丸みのあるボブやロングヘアの女性がほとんどです。これは、第一印象で、有権者との距離の近さ、すなわち親近感を感じさせるほうが、票につながることがわかっているからでしょう。

＊髪には「性格」がある

このように、髪には「性格」があります。そして私たちは、無意識のレベルで「髪が持つ性格」の影響を受けています。髪が持つ「性格」とは、「キャラ設定」と言いかえてもいいでしょう。

ということは、**「髪が持つ性格」をうまく使いこなすことができれば、第一印象を自分で決めることができる**ということです。

今は、一部の人しかうまく使えていない「髪が持つ性格」の効果的な使い方を、私は多くの人に知ってほしいと思います。

Point

× 顔の印象が第一印象になる
○ 髪の印象が第一印象になる

第二印象も髪で決まる

＊一番見られているのは真正面の顔じゃない

第一印象だけではありません。第二印象も、最終印象も、実は髪で決まっています。

多くの女性が見落としている事実。

それは、普段の生活の中では、正面から顔をまじまじ見られるよりも、**横顔や後ろ姿や、斜め45度から顔を見られていることが多い**という事実です。

もし、あなたが会社にデスクがある人なら、おそらく人から話しかけられるのは、横か、後ろからでしょう。

その場合、相手に見られているのは、横顔（髪が80パーセント）か、後ろ姿（髪が100パーセント）です。つまり、**相手の人は、ほとんど髪しか見ずに、あなたのこ**

とをあなただと認識しているわけです。

仕事だけではありません。家の中でも、学校の中でも、あなたに声をかけている人は、実は横や後ろから、髪型であなたを認識しています。

というわけで、**第二印象も、髪で決まっています**。

逆に言うと、髪型を変えると、あなたの存在を認識する回路に保存された、第二印象も変わっていきます。徐々に、髪型を変えたあとの第二印象のイメージのほうが蓄積され、強くなっていきます。

Point

× 人から見られるのは正面。だから顔が大事

○ 人から見られるのは横顔と後ろ姿。だから髪が大事

最終印象も髪で決まる

＊記憶に残るのは、あなたの髪

何度も会った人なのに、髪型が変わったら、「あれ？　誰かと思った！」ということはよくありますよね。**これは、私たちが、別れたあとも髪型で人を記憶している証拠です**。

最近はＳＮＳのアイコンを自分の顔にする人も増えています。そのアイコンではロングヘアなのに、実際に会ったらショートヘアだったとします。そういうとき、最初は目の前の人に対して、ちょっと違和感があるのではないでしょうか。

さらに、ショートヘアのその人に見慣れたあと、家に帰ってからＳＮＳで「今日は楽しかったねー」などとやりとりしたときのアイコンがロングヘアだったら、やっぱり最初は違和感があるはずです。

これもやはり、私たちが、人を髪型で記憶しているからです。

とくに、**男性の場合、女性の印象を髪型と結びつけている人が多い**ようです。

週に3回合コンをやっている男性が教えてくれたのですが、合コンのあとの男子反省会では、女性の名前でもなく、服装でもなく、髪型で会話されているそうです。

「俺の前にいたショートヘアの子、話が面白かった！」とか、「お前の横に、髪を結んでいた子、いたでしょ。あの子、好み」とか……。

女性同士だと、相手の女性の服装やバッグ、メイク、ネイルなどを覚えている人もいますが、男性の場合、そのあたりは、からきし脳のセンサーが作動しないようです。

さて、それでは、そんな大事な髪を、どんな基準で選んでいけばいいでしょうか。

ポイントになるのは、「外見と内面」の関係性です。

Point

× 別れたあとに覚えているのは顔

○ 別れたあとに覚えているのは髪（男性相手ならなおさら）

外見と内面を一致させる

＊外見は、内面の一番外側

よく、「人を見た目で判断するな」とか「見た目ではなく、中身を見てほしい」などと言う人がいるけれど（両方とも、学生時代の私です……）、今は、こう思います。

外見は、内面の一番外側です。

というよりも、

外見を内面の一番外側だと思って、外&内を一致させたほうが生きやすい。

外見と内面を一致させるということは、言いかえれば、あなたの**「髪キャラ（髪が持つ性格）」と「本キャラ（本当の自分のキャラクター）」を一致させる**ということです。

＊美人すぎる友へのアドバイス

名は体を表すと言いますが、自己紹介では必ず「友達が美人と書いて友美《ゆみ》といいます」と話すほど、友達に美人が多い私です。なかでも、大学時代に仲の良かった友人はとくに美しくて、夜の街を歩いていると、ナンパをしたい男性たちがぞろぞろ列になってついてくるほどでした。

あるとき、彼女に、こんなことを言われたことがあります。

「友美のことを好きな男って、みんな〝本当に〟友美が好きじゃん。でも、私のことを好きな男は、私が好きなのか、私の顔が好きなのかわからなくて辛い……」

以前、この話を私が別の友達にしたとき、「え、その女、何様?」と言われたのですが、私自身は「美人すぎるとそれはそれで、大変なんだな。人に言いにくい悩みを打ち明けてくれてありがとう」と、妙にしみじみしたものです。

そのとき私は、彼女に適切な言葉をかけることができなかったけれど、もし、今、私が時間を巻き戻して彼女にアドバイスできるなら、こう答えたいと思います。

「もっと、あんたのキャラを前面に押し出した髪型にしなよ！」

彼女は負けん気が強く、野心が強く、向上心が強く努力家でした。奨学金をもらいながら、家賃も食費も自分で稼いで大学に通っていました。綺麗な顔に似つかわしくない泥臭い努力をする人で、マインドはほぼアスリート。

けれども、いかんせん、そんな彼女の「本キャラ」に対して、彼女の「髪キャラ」が真逆だった……。

当時の彼女は、胸上のさらさらストレートで毛先は内巻き。色は可愛らしいピンクブラウン。前髪は「ザ・お嬢様」な感じの斜め前髪。

中身は自立した強い女性なのに、美人な上にそんな「守ってください♡」的な髪型していたら、そりゃ、彼女の本質に目を向けない男がぞろぞろ寄ってきますよ。

もし、彼女の意志の強いキャラをちゃんと髪型で表現していたら（たとえば前髪を三戸なつめちゃんくらい短くしていたら、たとえば髪色を木村カエラさんくらい個性的に自己主張していたら）、美しい女性を、ただマスコットとして連れて歩きたい（トロフィーワイフなんて言い方もしますね）男性からはだいぶ逃げられたはず。

これは何も、男女間の話だけではありません。

もし今、**あなたが自分の人間関係がうまくいっていないと感じるなら、外見をあなたの内面に寄せて表現しましょう。髪キャラを、本キャラに近づけるのです。**

あなたの今の髪が、どんな性格を持っていて、今のあなたがどんなふうに見られているかの分析は、次の章で詳しく解説します。

いずれにしても、髪の性格を知って正しく選べば、対人関係のミスマッチは減っていきます。

髪は、あなたを裏切りません。

Point

× 人を見た目で判断するな！
○ 見た目を内面と近づけておく

外見に内面を追いつかせる

＊ キャラ変えするときも、髪から変える

先ほど、私は、内面（あなたのキャラ）と外見（髪が持つ性格）を一致させると、生きやすくなるとお話しししました。

でも、なかには、「今の自分に満足できていない。本当は、こんな女性になりたいんだ！」という気持ちがある人もいるでしょう。つまり、**今の自分のキャラを変えたいというとき**です。

そういうときも、髪はとても有効です。

この場合、**髪で外見を先に変え、内面を髪に追いつかせましょう**。

髪の印象はとても強いので、髪を変えると、あなたの見られ方も変わります。初対面の人は、あなたを新しく設定した髪のほうのイメージで認識してくれるようになり

ます（**第一印象の変化**）。

今まであなたを「こういうキャラ」と認識していた人たちも、髪が変わったことによって、無意識的に、あなたのキャラを脳内で修正しはじめます（**第二印象の変化**）。

あなたに会っていない時間も、みんなの頭の中には、あなたの新しい髪の記憶が残ります（**最終印象の変化**）。

話し方を変えたり、メイクを変えたりすることで、イメージチェンジに気づいてもらうのはなかなか難しいものです。でも、**髪を変えれば、必ず気づかれます。そして髪の力に引っ張られて、服やメイクや話し方、身のこなし方も変わっていきます。**

その変わった印象のあなたのほうが、「あなたらしさ」として、周りの人たちに定着していきます。

Point

△ 理想の自分になれるように頑張る
○ 理想の髪に自分を追いつかせる

「らしさ」問題に終止符を打つ

＊自分らしさとはいったい何か

ところで今、「あなたらしさ」と書きましたが、「らしさ」って、いったいなんでしょう。美容の仕事をしていると、必ずこの「らしさ」問題にぶつかります。

「自分らしさを大切にしよう」と、よく言われます。髪型を選ぶときも「自分らしい髪型にしたい」と話す人はたくさんいます。

でも「自分らしさって、何のこと？」とあらためて聞かれると、みんな、困ってしまうのではないかと思います。

ありのままの自分のこと？　それとも、自分が居心地のいい状態のこと？　誰かに言われた「それって、○○さんらしい！」という言葉のこと？

この「自分らしさ」を、明確に説明できる人はいないんじゃないかと思います。

私だって、めっぽう明るいキャラで通っていますが、家に引きこもってケータイゲームをやっているときがもっとも幸せです。はっきり物を言うタイプだけど、意外と奥ゆかしいんだねとか言われると、きゅんっときて「三歩下がってついていきます♡」みたいになったりします。

私も、何が自分らしさなのかよくわかりません。

＊主語を自分に取り戻す

だとしたら、いったん、「自分らしさ」について考えるのはやめて、そもそも、「どんな自分になれたらいいいか」を考えてみるのがいいかもしれない。


どんな自分でいられたら嬉しい？

どんな自分だったら、自分を好きになれる？

どんな自分を人に見せたい？

まずは、理想の自分を考えて、その理想の自分を実現する髪を選ぶ。髪を理想の自分像に設定すれば、内面もいずれ追いつきます。

つまり、**理想のあなたを、「自分らしく」しちゃえばいい**のです。

誰かに言われる「あなたらしい」ではなく、あなたが選んだ、こうありたいと思う「自分らしい」を、手に入れましょう。

私はこれを、**主語を自分に取り戻す行為**だと考えています。誰かのために生きるのではなく、自分のために生きる。そのために、ぜひ、髪を使ってみてください。その方法は、4章で詳しくお話しします。

髪は、あなたを裏切りません。

Point

×「あなたらしい」にしばられる
○「自分らしい」を自分で決める

Chapter 02

髪が、あなたに与えてくれること

髪があなたに与えてくれること。

それは、美しさ。
それは、若さ。
それは、強さ。

Chapter 02

でも、髪があなたに与えてくれることのうち
一番の宝物は、「自信」です。

髪には上下関係がない

私がここまで髪に思い入れを持ち、他の分野にわき目もふらずに専門のライターとして活動しているのには、ひとつ、理由があります（いや、本当は100個くらい理由があるのですが、ここではまずひとつ）。

それは、**髪には上下関係がない**ということです。

たとえばメイクには「目指すべき顔」のようなものがあると感じます。

これまでいろんなメイクページを見てきましたが、デカ目を小さく見せましょうとか、二重を一重に見せましょうとか、そういう企画はなかった気がします。鼻を低く見せたり、顔を大きく見せたりするテクニックも聞いたことがない。

つまり、メイクには正解があるのでしょう。二重が正解で、高い鼻が正解で、顔が小さいほうが正解。正解という言葉は強すぎるかもしれませんが、多くの人は、「目指すべき美人顔」の方向に向かって、自分の顔をメイクしているように思います。

ダイエットも同じです。ウエストや太ももを太くしましょうというダイエット法は、普通はないですよね。


それに比べて、髪には正解がない。上下関係もない。

ロングヘアのほうが偉いわけでもないし、ショートヘアがベストなわけでもない。その人にとって、似合う髪と似合わない髪があるだけ。

ロングでも美しくなりえるし、ショートでも美しくなりえる。100人いれば、100パターンの答えがあり、美しさがある。

私は、髪の、ここが、たまらなく好きです。

＊「髪」は誰かと比べる必要がない

「上下」がないということは、人と比べなくていいということです。人と比べなくていいって、心がすごく楽です。今、思い返せば、ライターになった私が、ヘアページの魅力にとりつかれたのも、それが理由だった気がします。

ファッション誌で働き始めたとき、私はそこに集う女性たちがまぶしすぎて、見た目コンプレックスをこじらせていました。

「このアイシャドウで一気に美人顔♡」とキーボードを打つたびに、「いやいや、お前みたいなブスが書くなよ」と自分ツッコミを入れながら書いていました。

でも、ヘアだけは違いました。ヘアページの撮影は「**みんな違って、みんないい**」が、楽しかった。

ヘアページには、雑誌撮影が初めてという読者さんがたくさんきます。

彼女たちは、最初は不安そうな顔でやってきます。でも、ヘアチェンジした自分の顔を鏡で見たとき、ほとんどの女の子はハッと息をのみます。多分、自分がこんなに素敵に見えることに驚くのだと思います。その次に、なんともいえない恥ずかしそうな顔をします。「これ、本当に私かな。なんか、いつもより可愛い気がする。でも自分を可愛いと思うなんておこがましいよね……。いや、でもやっぱり可愛い気がする……」。鏡を見ながら葛藤しているのが、手にとるようにわかります。

そして、自分の顔を右に向けたり左に向けたりして鏡に映して、やっと認めるんでしょう。「私、やっぱり可愛い」って。そうするとはじめて、泣き笑いのような顔になります。それらの過程を経て、パッとはじけるように顔が輝くのは、その数秒後です。若い子だけではありません。50代でも80代でも、それは同じです。
メイクルームの外からこっそりとその様子を見ている私は、いつも、胸がつかまれ心を打たれます。なぜなら「彼女はいま、自分のことをすごく好きになれたんだな」ということがわかるから。

元の顔立ちや体型や年齢やセンスに関係なく、髪は平等に人を輝かせてくれます。それはなぜかというと、**髪は、誰かが決めた正解を目指すのではないから**です。人と比べてどうこうじゃない。ただただ、自分史上一番素敵になればいいだけ。誰にでも同じだけ、チャンスがある。
私は、髪の、ここが、たまらなく好きです。

Point

× 美人と自分を比べる
○ 私史上一番美人になる

女性にとってのラスボスは「自信」である

この20年、「髪を変えて起こった良いこと」を、たくさん聞いてきました。

恋方面では、結婚が決まったという話と、セックスレスが解消できたというご報告をたくさんもらいました。仕事で活躍できるようになった、一目置かれるようになった、若くなった、同窓会でびっくりされたという話は枚挙にいとまがありません。

でも、結婚や出世、若造り以上に幸せなのは、「自分に自信が持てるようになること」だと、私は思っています。

自信——これこそ、現代の女性にとってのラスボスです。

日本人、とくに日本人女性の自己肯定感は、世界で最も低いといわれています。それほど、私たちにとって「自分を好きになること」や「自信を持つこと」は、切実かつ、難しい課題です。

でも、このラスボスを、髪なら倒すことができます。

なぜなら、**髪は、あなた自身だから。髪を気に入ることは、自分を好きになること。髪は自信に直結します。**

＊「髪」にしか、できないこと

前著『女の運命は髪で変わる』を出版したときの話です。ある仕事仲間の編集さんが、「友達の誕生日に、この本をプレゼントしたよ」と教えてくれました。

彼女のお友達は、高校時代から自分に自信が持てない人だったといいます。ここでは仮にSさんと呼ばせてください。

仕事がら、美容情報に詳しい彼女が「いい美容師さんを紹介するから、髪型を変えてみたら？」と言ってみても、「いや、私みたいな女がおしゃれな美容院に行くのは、場違いだから……」と断るような方だったとか。「どうせ私なんか……」という言葉が、口癖になってしまっていたそうです。

でも、『女の運命は髪で変わる』を読んだ次の日、Sさんは、「やっぱり、髪を切りたくなった。美容師さんを紹介してほしい」と彼女に連絡をしてくれました。

はたして、紹介された美容院に行ったSさんは、大変身をとげます。

それまで一度もカラーリングをしたことがなかった髪を少し明るくし、伸ばしっぱなしだった髪をボブにカットした彼女は、次の日、会社でありとあらゆる人から、その髪型を褒められたそうです。

Sさんが変わったのは、それからです。再び彼女に連絡があり、今度は「ネイルとまつ毛エクステのサロンも教えてほしい」とのこと。さらには新しい服を買い、ダイエットにも成功して、Sさんはどんどん綺麗に明るくなっていったそうです。

私が彼女からこの話を聞いたときは、ちょうどSさんが気になっていた男性に声をかけ、デートをする約束をした、という状況でした。

＊自信は伝播する

私はSさんのことを直接は知りません。でも、Sさんがデートの約束をした日は、朝から自分のことのように、そわそわ落ち着きませんでした。

デート、うまくいきますように。彼が、Sさんのことを素敵だなって思ってくれますように。髪、褒めてもらえたらいいなあ。見ず知らずの人に対して変かもしれませんが、そんなことを考えて過ごしました。

ただ、そう思う一方で、「でも万が一、デートがうまくいかなかったとしても、彼女はきっともう、大丈夫」という予感もありました。**彼女はもう二度と「どうせ、私なんか……」と言わないだろう**、と。

なぜなら、髪を切り、ネイルやマツエクをし、好きな服を買ってデートに行くことを決めた彼女は、「自分を大切に扱う」ことを知ったはずだからです。

髪を褒められたことをきっかけに、彼女の心の中には、小さな自信が生まれたと思います。そして、もっと自分を素敵に装いたいという気持ちが芽生えたのでしょう。

その自信は伝播します。自分を美しく見せるチャレンジをくりかえすことで、小さな自信は、ほかの分野にも伝播し、だんだん大きくふくらんでいったはずです。

＊ 髪を褒められることは、あなた自身が褒められること

彼女に起こった小さな奇跡――。私は、これは、最初に褒められたのが「髪」だったからこそ生まれた好循環だったと思っています。

もし、Sさんが褒められたのが「髪」ではなく、有名デザイナーのブランドバッグだったら？　その場合、どんなに絶賛されたとしても、褒められたのは、そのバッグです。

でも、**髪を褒められるということは、自分自身が褒められることと同じです。**

「髪、素敵だね」と言われることは、「あなたは素敵ですね」と言われることと同じなのです。

ここに、私は、髪の力を感じます。

髪を、（つまり、自分自身を）好きになれたから、自分に自信を持てるようになったのではないか。

だからこそ、彼女は自信を大きく育て、生まれ変わることができたのではないか。

そう、思うのです。

Point

- バッグを褒められたら、褒められたのはバッグ
- 髪を褒められたら、褒められたのはあなた

髪はリバウンドしない

しかも、髪はリバウンドしません。これがまた、髪の、いいところです。

先ほどのSさんの話でいうと、昨日褒められた髪が、次の日もちゃんと頭にくっついているところがいい。昨日褒められた記憶とともに、次の日も同じ髪がある。だから今日も頑張ろうと思える。**これが、髪で、人が変化しやすい理由です。**

（もし、あなたが美容院で手に入れた髪がうまく再現できないとしたら、それは、美容院でのオーダーの仕方を変えるだけで、だいぶ解決できるはずです。そのオーダー方法は、4章で詳しくお話しします）


たとえば、お気に入りの服を着ているときは、なんとなく気分が前向きになると思います。「今日の自分は大丈夫」。そう思えると、堂々と振る舞えるし、急なお誘いにも積極的にこたえてみようかなと思ったりします。

そんな「**気に入った服を着ているとき効果」が、毎日ずっと続くのが、髪です。**

服は毎日同じものを着るわけにいかないけれど、髪だったら、それは、「毎日」身につけて歩くことができます。

＊ 今からでも、自分を好きになれますか？

今、私は「気に入った髪は、お気に入りの服を毎日着るようなもの」と言いました。

でも、残念ながら、その逆のケースもあります。


あるトークイベントでの話です。そのときも私は、気に入った髪を身につけたら、自分を好きになれる。髪は自信に直結するという話をしていました。

最後に「何か質問はありませんか？」と会場に尋ねると、ある女性が手をあげて「クセが強くてうまくまとまらないのですが、縮毛矯正をかけたほうがいいですか？」と聞きました。50歳前後の、ショートヘアの方でした。

私は薬剤のプロではないので、普段はアドバイス程度にしかお答えしないのですが、そのときは珍しく「いいえ、縮毛矯正しないほうがいいです」と断言しました。

というのも、彼女の場合、縮毛矯正をしたら、せっかくのふんわりショートがぺたんこになって薄毛に見えてしまうだろうと思ったからです。

私は彼女にこう言いました。

「すごくいいクセですから、矯正でのばしてしまうのはもったいないですよ。そのクセがほしくてわざわざお金をかけてパーマする人がいるくらいです。もしまとまりにくいようなら、縮毛矯正ではなく、カットでおさまりよくしてもらいましょう」

彼女は納得したようで、その場はそれで終了したのですが、片付けが終わって帰ろうとしたとき、彼女が会場の外で待っていてくれたことに気づきました。

「あら、どうしましたか？」

私が声をかけると、彼女は突然ぽろぽろと大粒の涙をこぼしました。聞けば、小さな頃からクセ毛がコンプレックスだったそうです。

親戚に、「あんたのお姉ちゃんはサラサラのストレートヘアやけん、性格もまっすぐやけど、あんたはそのチリチリのクセ毛のように、性格も曲がっとんなあ」と言われたことが、ずっとトラウマで、毎朝鏡で自分の髪を見るのも辛かったのだそう。

でも、今日、私に「すごくいいクセですよ」と言われて、彼女の中で何かがはじけたのだといいます。

「私、今からでも遅くないですか？　自分のことを好きになれますか？」

そう言って泣く彼女。これまで、どれほど辛い思いをしてきたことでしょう。私は、きっと大丈夫。まずは気に入る髪型を手に入れましょうねと伝えて、一緒に美容院でのオーダーのポイントをおさらいしました。

後日、彼女から丁寧なお手紙をいただきました。その手紙には「今までで一番気に入った髪型になって、鏡を見るのが楽しくなりました」と書かれていました。

それを見て、心の底から、ほっとしました。

髪はリバウンドしません。

きっと、**この手紙を書いた次の日も、その髪は彼女に味方してくれるはずです**。これから毎日その髪と過ごすことで、彼女が自分を好きになってくれますように。その髪と過ごす楽しい記憶で、辛かった過去を上書きできますように。

そして、今まで自分の髪を好きになれなかった方が、もしこの本を読んでくださっていたら――。あなたが次に手に入れる新しい髪が、あなたに力を与えてくれますように。

Point

・お気に入りの服でも、毎日は着られない
・お気に入りの髪は、毎日身につけることができる

そろそろタネを植えて花を咲かせてください

＊「髪が大事＝ヘアケアが大事」は半分間違い

このあと、具体的な髪型選びについてお伝えしていきますが、その前に、ひとつ、確認しておきたいことがあります。

「髪」という言葉には、「髪の毛」という意味と「髪型（形と色）」という意味の両方が含まれています。

私が「髪が大事！」という場合の「髪」は、この両方を指しています。

多くの方は、髪が大事と聞くと、「髪の毛」をケアすることをイメージします。でも、これは、半分正解で、半分間違っています。

誤解がないようにお伝えしたいのですが、ヘアケアで髪の毛という素材自体を美しくすること自体は、もちろん、とても重要で素晴らしいことです。

でも、それだけでは片手落ちなのです。**ヘアケアは、あくまで手段であって、最終目的ではありません。**

何のためにヘアケアをするか。それは、自分のヘアスタイルを、より美しく見せるためです。素材がよければ、あなたがやりたい色や形がキマりやすくなります。**ヘアケアは、素敵なヘアスタイルを手に入れるための土台づくり**です。

ものすごく高いシャンプーを使って、髪のために食事にも気を遣っているのに、美容院に行くのは半年に一度という人は、統計を見ても、かなりたくさんいます。

そういう人の話を聞くと、私は、ガーデニング用の土に肥料をあげてずっと耕している人みたいだなと感じます。そろそろそこに、タネを植えて、花を咲かせてほしい。

＊「髪型」に目を向けよう

素敵な「髪型」を作るために、ヘアケアで「髪の毛」を美しく健康にすることには大賛成です。

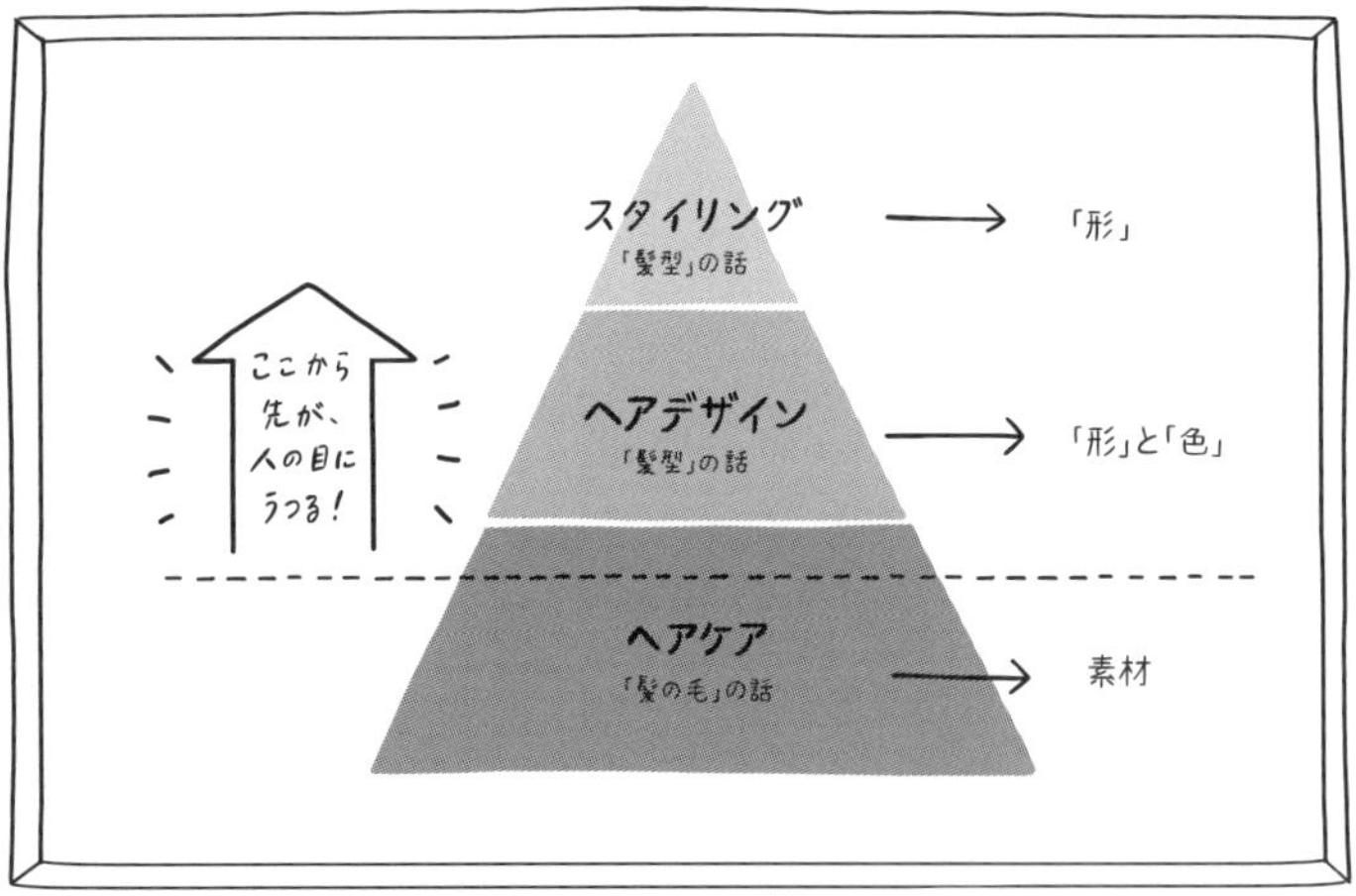

これ全部が「髪」の話

ただ、綺麗な「髪の毛」がないと、素敵な「髪型」が手に入らないかというと、それもまた違います。

実は、『女の運命は髪で変わる』を書いたあと、生まれつき無毛症の女性とお話をさせていただく機会がありました。

彼女は「実は、さとゆみさんの本、私たち患者の間で話題になったんですよ。『髪がない私たちには、運命がないのか？』って」と教えてくれました。

でも、本の最後の医療用ウィッグにまつわるエピソードまで読んでくださった彼女は、「この話は、自分の地毛、つまり『髪の毛』があるかないかは関係なく、『髪型』でなりたい自分を手に入れる話なんだなって、よくわかりました」と、言ってくださいました。直接、お話しいただけたことを、とても感謝しました。

がん患者さん向けのセミナーでお話をさせていただいたこともあります。

「がんになってから、ずっと暗い気持ちだったけれど、今日は久しぶりにうきうきした。ウィッグでアレンジしてみます」という声をたくさんいただきました。

主催者の方からは、「セミナーのあと、みんなでカフェで、次はどんな髪型にしようかと盛り上がったんですよ」というご報告も。

病気の方だけではなく、もし、なりたい髪型に長さや量が足りないなら、ウィッグの力を借りるのも大賛成です。今は部分ウィッグもたくさん出ていますし、色も豊富です。薄毛で悩んでいる方にも、気軽につけられるウィッグが増えています。

あなたの人生を変えるほどのパワーを持つ髪の力（髪が持つ性格）は、おもに「髪型」のほうに宿っています。

そのパワーをさらに引き出すために、「髪の毛」をケアするのももちろんいいですし、ウィッグを使うのも、エクステを使うのもいいでしょう。とにかく**「髪の毛」だけではなく「髪型」にも、意識を向けてみてください**。

Point

×「髪の毛」をケアさえすればよい
○「髪の毛」をケアするのは「髪型」のため

Chapter 03

髪を、あなたの武器にする

あなたの髪は、今、
どんなふうに見えているでしょうか。

もし、あなたの髪が、あなたの狙い通りの働きをしているなら
その髪、ＧＯＯＤ　ＪＯＢです。

でももし、あなたの髪が、
どんなふうに見えているかがわからなければ
「髪が持つ性格」をチェックしてみてください。
髪は、あなたの武器になります。
どの髪がどの方面で力を発揮するのかを知りましょう。

前髪ひとつでキャラが変わる

髪型には性格があります。なかでも、**印象をもっとも大きく左右するのは前髪です**。

人は、人と話をするときに相手の目を見ます。そのときに視界に入るのが前髪。**毛先を10センチ切っても気づかれないことはよくあるのですが、前髪は1センチ切っただけで、すぐに気づかれます。それくらい、前髪の印象は強いものです**。

ショートヘアの場合、前髪以外の情報も目に入ってくるので、前髪の印象は5割程度。ロングヘアなら前髪の印象が、全体の印象の8割を決めるといっても過言ではありません。

髪の長い人が、イメージを変えるとしたら、とにかく前髪です。前髪の形で、髪が持つ性格が変わります。

＊おろし前髪は、幼さの象徴

まずは、「おろし前髪（フルバング）」から解説しましょう。この前髪は、幼さや可愛らしさの象徴です。なぜなら、おろし前髪は、もともと幼い子どもに多い髪型だからです。

この**おろし前髪の中でも、直線的なカットラインを強調したのが、いわゆる「ぱっつん前髪」**です。このぱっつん前髪は、ただのおろし前髪よりも、前髪に視線を集めやすく、幼さや、可愛らしいキャラの印象をより強くします。

ぱっつん前髪は、別名、「目ヂカラ前髪」ともいわれます。目の上にまっすぐのラインができるので、自然と目元に視線がいきやすく、目元が強調されるのです。目の大きな人がぱっつん前髪をしていると、より目が大きく見えます。

前に、「アイドルにはぱっつん前髪が多い」と書きましたが、これもやはり、この幼い印象と目ヂカラ効果をうまく使っているのです。

大人の女性がこのぱっつん前髪にすると、若作り感や、イタさが出ると言う人もいます。たしかにその危険性はあるのですが、**逆にそれを知っていて「あえて」やっている雰囲気を出せると、「強さ」や「ただものではない感」が漂います。**

たとえば、『プラダを着た悪魔』のモデルとも言われる、雑誌「ＶＯＧＵＥ」の編集長、アナ・ウィンターは、眉下の長さのぱっつん前髪です。彼女はもう50代ですが、もうかれこれ数十年、このぱっつん前髪を貫き通しています。

彼女のような**大人の女性が、あえてぱっつん前髪にすると、それは一転して、意志の強さや揺るがなさの象徴になります**。普通は大人が選ばない前髪だから、かえって、おしゃれ上級者っぽい。モードな雰囲気も強くなります。

＊ 前髪ひとつで人格が変わる

これは余談ですが、映画の『プラダを着た悪魔』は、アン・ハサウェイが演じる地味な女性主人公が、メリル・ストリープ演じるモード誌の編集長に雇われ、どんどん美しくなり洗練されていく物語です。

この映画の中で、アン・ハサウェイは前髪をぱっつん前髪にチェンジします。彼女はこの前髪カットで一気に垢抜け、「ダサいけれど幸せな生活を送るジャーナリスト志望の女の子」から、「ファッション業界の先端で活躍するバリキャリ女性編集者」へと人格を変えました（最先端のファッションを描いた映画なのに、**服ではなく前髪カットが主人公のターニングポイントなんだ！**　というのが感慨深かったです）。

ただし、この話には、続きがあります。編集者仲間に一目置かせた、このモードなぱっつん前髪ですが、彼氏には不評なのです。

このように、**髪型には性格があるので、あるジャンルの人たちには絶賛されても、あるジャンルの人には不評ということが起こりえます。**どちらの自分が、彼女にとってよりフィットしたのか……。これは、そのまま映画のテーマにもなっています。続きはぜひ、映画で。

Point

- **おろし前髪が持つ性格⇒幼さ、若さ、可愛らしさ**
- **大人のおろし前髪が持つ性格⇒モード感、ただものではない感**

「斜め前髪は無敵」説

おろし前髪が幼さの象徴だとしたら、斜め前髪は女らしさの象徴です。斜め前髪の毛流れには、男性にはない、丸みややわらかさが宿ります。

＊ 万人受けなら斜め前髪

斜め前髪は、モテます。というよりも、モテる女子は、斜め前髪の持つ「性格」をちゃんと知っていて、上手に使いこなしています。

斜め前髪の曲線には、**「優しさ」や「しなやかさ」や「上品さ」などを担当する妖精が住んでいます**。斜め前髪が描くカーブ、つまり、曲線が持つ印象が、このような性格を与えるのです。

本書をお買い上げいただき、誠にありがとうございました。
質問にお答えいただけたら幸いです。

◎ご購入いただいた本のタイトルをご記入ください。

『　　　　　　　　　　　　　　　　　　　　　　　』

★著者へのメッセージ、または本書のご感想をお書きください。

●本書をお求めになった動機は？

①著者が好きだから　②タイトルにひかれて　③テーマにひかれて
④カバーにひかれて　⑤帯のコピーにひかれて　⑥新聞で見て
⑦インターネットで知って　⑧売れてるから／話題だから
⑨役に立ちそうだから

生年月日　西暦　　年　　月　　日（　　歳）男・女				
ご職業	①学生	②教員・研究職	③公務員	④農林漁業
	⑤専門・技術職	⑥自由業	⑦自営業	⑧会社役員
	⑨会社員	⑩専業主夫・主婦	⑪パート・アルバイト	
	⑫無職	⑬その他（　　　　）		

このハガキは差出有効期間を過ぎても料金受取人払でお送りいただけます。

ご記入いただきました個人情報については、許可なく他の目的で使用することはありません。ご協力ありがとうございました。

郵 便 は が き

料金受取人払郵便

代々木局承認

6948

差出有効期間
2020年11月9日
まで

1 5 1 8 7 9 0

203

東京都渋谷区千駄ヶ谷 4 - 9 - 7

(株) 幻 冬 舎

書籍編集部宛

1518790203

ご住所 〒 都・道 府・県	
	フリガナ お名前
メール	
インターネットでも回答を受け付けております http://www.gentosha.co.jp/e/	

裏面のご感想を広告等、書籍の PR に使わせていただく場合がございます。

幻冬舎より、著者に関する新しいお知らせ・小社および関連会社、広告主からのご案内を送付することがあります。不要の場合は右の欄にレ印をご記入ください。 不要 □

斜め前髪は、万人に好感度が高い前髪です。

先ほど、アイドルはぱっつん前髪が多いといいましたが、女子アナには斜め前髪が多いです。女性らしい華やかさがありながら、派手すぎないから嫌われない。上品なイメージがあるから、好感度も高い。

斜め前髪は、男性にも女性にも好かれる、最大公約数的モテな髪なのです。

ところで、同じ斜め前髪でも、6：4で分けるか、7：3で分けるか、8：2で分けるかによって、かなり印象が変わります。

一般的に、センターパートに近づくほど、斜めのカーブが浅くなるので、ナチュラルな印象ですし、分け目が横分けに近づくほど、曲線が急激になって女らしさが増します。

8：2を超えて9：1くらいの極端なサイドパートの斜め前髪になると、これはもはや、女らしいを超えて、セクシーの域に入っていきますし、万人受けを超えて、個性的の域に突入します。

これをうまく使って、普段学校やオフィスでは、6：4で分け、デートのときには

8：2で分けるなどというのもおすすめです。

＊セント・フォースヘアの秘密

前著で私は、人気女子アナさんが多数所属するセント・フォースの人たちの髪型（通称、「セント・フォースヘア」）が、究極のモテ髪だと書きましたが、彼女たちの斜め前髪には秘密があります。

本来「斜めに流すほどの長さでもないでしょ」という前髪を、ぎゅいんと毛先だけカーブさせて、斜めに流している感を強めているのです。

これは、ぱっつんおろし前髪ほど幼い印象にはならず（だけど若さや目ヂカラは強調できる）、でも、普通の斜め前髪ほどシンプルでもない（なので、没個性にもならない）、いいとこどりの前髪です。

もし、女子アナ風のモテキャラを目指すのでしたら、これは絶対取り入れてほしい裏ワザです。

Point

・斜め前髪が持つ性格⇒優しさ、しなやかさ、上品さ

海外セレブの9割はこの前髪

前髪の定番は3つあります。「おろし前髪」「斜め前髪」ときて、3つめは、「おでこ出し前髪」です。

これは、前髪が長くて（もしくは前髪を作っていなくて）、おろしたり流したりできない長さの場合を指します。「前髪なし（ノーバング）ヘア」ともいわれます。**前髪なしヘアは、大人っぽい印象を与えます**。

＊センターパートは正統派で凜とした印象

具体的には、センターパートの前髪がそれにあたります。ぱっと思いつくのは、女優の仲間由紀恵さんの髪型でしょうか。

おでこ出し前髪は、顔が出る面積が広いので、潔く、凜

とした印象になりやすいです。とくに、仲間さんのように、ぴしっとラインをつけたセンターパートのストレートヘアの場合、正統派のきりっとしたイメージになりやすいものです。

＊ かきあげ前髪は色っぽさ抜群

ただし、同じおでこ出し前髪でも、これが位置をずらしたかきあげ前髪（別名「サイドパート」とも呼ばれます）になると、突然、色気が爆上がりし、ゴージャスな印象になります。センターパートは分け目部分が直線的で、トップがぺたんこになりやすいのに比べ、サイドパートのかきあげ前髪は分け目からぐわんと立ち上がる前髪で、髪型のカーブが強調されます。

前髪なしのスタイルを選んだ場合、センターパートにするか、サイドパートにするかによって、まったくキャラが変わっ

て見えます。

モデルの菜々緒さんは、このセンターパートとサイドパートをうまくアレンジで使い分け、その日によってキャラを変えていると感じます。

ちなみにコレクションやレッドカーペットでおなじみの**海外セレブは、ほとんどが、この前髪なしヘア**です。これは、海外では、「幼く見せる」という選択肢が基本的にはナシだからでしょう。

＊命毛《いのげ》があると使い勝手がいい

センターパートメインで生きるにしても、サイドパートメインで生きるにしても、おでこ出し前髪の人には、もれなく「命毛《いのげ》」を作ることをおすすめします。

「命毛」とは美容師さんの間で使われている造語ですが、「命ほど大事な毛」の意味が込められています。**具体的には、フェイスラインに落ちる毛のことを指します**。

おろし前髪や斜め前髪の人の場合は、その前髪のすぐ横の毛が命毛です。前髪がない人の場合は、顔を縁取る一番手前の毛が命毛を作る位置です。

ここにきしめん1本分くらいの幅の、リップ〜あごの間くらいの長さの毛を作っておくと、なにかと便利なのです。

まず、この毛があると、頬骨の上に影が落ちるので、断然小顔に見えます。

これは、髪を結ぶときにも有効です。とくに前髪なしの人が髪を結ぶと、顔が全面的に「こんにちは！」してしまうと思います。でも、命毛を残してそれ以外の毛を結べば、全面に出ないし、顔がすっきり見えます。

人間は、右の髪から左の髪までの幅を「顔幅」だと認識します。ですから、**命毛を落としておけば、そこから手前だけが顔、と思われて小顔に見えるわけです**。

アイドル界隈では、この「命毛」は「触角」と呼ばれています。

この触角があるかないかで、3キロから5キロ違って見えると言われているので、だいたいのアイドルには目立つ触角があります（ただし、私たちが普段の生活で作る「命

毛」は、触角ほど、あざとくわかりやすく直線的にカットする必要はありません。あくまでさりげなく)。

また、恋方面でもこの「命毛」は結構いい仕事をします。この命毛をゆるく巻いてゆらゆら揺らしておくと、ねこじゃらし的に、揺れるピアス的に、自然と気になる存在になります。

Point

- おでこ出し前髪が持つ性格⇓大人っぽさ
- センターパートが持つ性格⇓正統派感、凜々しさ、潔さ
- サイドパートが持つ性格⇓色っぽさ、ゴージャス感

モブキャラを脱出する、一発逆転ショートバング

さて、前髪の中でも、近年になって登場したルーキーといえば、ショートバングです。ショートバングとは、その名の通り「短い前髪」のこと。具体的には、眉がはっきり出る長さが目安です。

ルーキーと言いましたが、日本でショートバングが市民権を得たのはここ10年くらいで、比較的歴史の浅い髪型です。

ショートバングが持っている性格は「オリジナリティ」や「おしゃれ感」「センスの良さ」「意志の強さ」などです。とにかく、**特別感が出る**と思ってください。おでこ出し前髪以上に「自分の意志で前髪を短くして顔を出しています」感が明らかなので、より強い個性を感じさせます。

＊前髪カットだけで、脱モブできる

以前、中高生向けのテレビ番組で、前髪を変えるだけでどこまで印象が変わるかの実験をしたことがあります。

このとき、美容院に来てくれた女の子は18歳だったのですが、彼女は会うなり、「**私、モブキャラを卒業したいんです！**」と、訴えてきました。

モブキャラというのは、名前やセリフをもたない「群衆キャラ」のことです。高校を卒業したらタレントとしてもっと活躍したい。主役、とまではいかなくても、役名のある仕事がしたい。ただの18歳高校生じゃなくて、自分が指名される仕事がしたいんです。そう伝えてくれた彼女の目は、真剣でした。

「何者かになりたい」というその彼女の気持ち、痛いほどよくわかります。そこで私も一人の対等な仕事相手として、彼女に真剣にアドバイスしました。

「だったら、女子中高生の10人中8人がやっている、その没個性なおろし前髪をやめましょう。**特別感のあるショートバングにするだけで、あなたにも特別感が宿ります。目を留めてもらえる可能性がぐっとあがりますよ**」と。

ロングヘアの彼女。番組の企画上、変えていいのは前髪だけだったのですが、前髪を眉上にカットするだけで、別人のように生まれ変わりました。くるくる動く彼女の魅力的な目が目立つようになり、表情が断然豊かになりました。

その変身ぶりはスタジオの出演者の間でも絶賛され、放送後の反響も大きく、再放送が決定した上、番組の担当ディレクターさんが賞をもらったほど。視聴率も高く話題になりました。

長さを一切変えなくても、別人級に特別になれる。これがショートバングの力です。

＊おしゃれな大人女性はこぞってショートバング

ショートバングは、本当にいろんな切り方があります。よかったら、一度、ショートバングで画像検索してみてください。意外と大人の女性にもショートバングが多いのに気づくと思います。

石田ゆり子さん、安田成美さん、木村佳乃さん、松島菜々子さんなどのショートバングは、前髪の一部が短いパターン。前髪の両サイドは長いままなので、そこまで顔が全開になりません。初心者にもトライしやすいですし、大人女性にも似合います。

綾瀬はるかさんや、宮﨑あおいさん、広瀬すずさんのように、前髪全体を短くして眉を出すと、同じショートバングでもフレッシュで若々しい印象になります。

また、**前髪の内側だけ短くしておき、その上から長い前髪をかぶせる方法をダブルバングといいます**。

普段は斜め前髪。分け目を変えて内側の短い毛を出せば、ショートバングにできる、ひとつで二度おいしい前髪です。実は、私もこのダブルバングにすることが多いです。詳しくは、美容師さんに相談してみてくださいね。

Point

・ショートバングが持つ性格
⇒個性的、おしゃれ感、センスの良さ、特別感

ロングを無難に終わらせない技

もっとも大事な前髪の話が終わったところで、やっと、長さの話に突入したいと思います。

この、長さの話をする前に、ひとつ知っておいてほしいことがあります。

よく「私はショートが似合わない人なんです」などと言う方がいます。でも、断言しますが、ショートが似合わない人なんてこの世に一人もいません。これはショートだけではなく、ボブでも、ミディアムでも、ロングでも同じです。

ショートが似合わないのではなく、似合うショートと似合わないショートがあるだけなのです（ほかの長さも同様です）。

ですから、これまで何らかの失敗で「私にはショートは無理」「ボブは似合わない」などと思った人も、一度気持ちをフラットにして続きを読んでくださいね。

＊平安時代から続くロングヘア信仰

まずは、ロングヘアからお話ししましょう。男性でロングヘアにしている人は稀なので、一般的に、髪が長ければ長いほど、「女性特有の髪型である感」は強まり、フェミニンな印象、つまり女っぽい印象になります。

これは、歴史的な背景もあるでしょう。紫式部の時代は、髪が長くて毛量が多いほど麗しく、長い髪自体が、美人の象徴でした。

平安時代の貴族の女性の髪は、身長よりも長く、軽く2メートル超えだったといわれています。当然、その髪の長さで、飛んだり跳ねたりすることはできないでしょうから、「髪が長い女性＝周りの人たちが世話をしてくれる高貴な女性」であったはずです。

もちろん、現代の人たちが平安時代の記憶をずっと引っ張っているとはいいませんが、**社会的に「髪の長い女性＝おしとやかで、おとなしい女性」という印象であった時代が長い**のは事実です。その**「ロングヘア＝おとなしい≒保守的」**の印象は、現代の私たちの判断基準にも影響を与えています。

＊ロングを印象づけるには？

私がヘアカタログに関わり始めた20年前くらいには、ロングヘアを、セミロングとロングと2つの長さに分けていましたが、今は両方合わせてロングとする雑誌が増えている気がします。

これは**ロングヘアとセミロングヘアに、印象の差がほとんどない**とみんなが気づいたことが理由といえます。

私はよく「毛先の10センチは前髪の1センチに相当する」と言っていますが、前髪は1センチ長さが変わっただけで、印象が激変するのに対して、**ロングヘアにおける毛先の10センチは誤差の範囲です**。あまり印象が変わらないのに、細かく分類する必要もないね、ということで、ロングヘアとセミロングヘアは一緒にされることが増えました。

ちなみに、ヘアページの原稿で一番難しいのはロングヘアの原稿だというのは、美容ライターの間での常識です。似たような髪型ばかりになるので、30人、40人と並ぶと、特徴を書き分けるのが難しいのです。ヘアカタログの担当ページを決めるときは、じゃんけんで負けた人が、ロング担当になっていました。
逆に言うと、**ロングで個性を出そうとする場合は、前髪や、特徴的なカラーリング、パーマなどで差別化する必要がある**というわけです。

Point

・ロングヘアが持つ性格⇒おとなしさ、女性らしさ、保守的

ショートに漂う「あえて髪型を選んでいる」感

一方で、髪が短い女性には、活発な印象があります。これは、ショートヘアが女性の解放運動と強い関係があったことと無縁ではありません。

ひと昔前は、「ショートにすること＝自由に自分を表現すること」や「男性と肩を並べて活躍すること」の象徴だったのです。日本の女性大臣にショートヘアが多い話は前にしましたが、これもやはり、ショートヘアがモノを言う女性であることや、リーダーシップの象徴であったことと関連しているでしょう（もちろん、年齢による髪質の変化もあると思います）。

少なくとも昭和の時代までは、女性のヘアといえば、デフォルト（初期設定）がロングで、ショートは「あえて選ぶもの」でした。

時代が変わって、今では女性のショートヘアはことさら特別なものではありません。それでもやはり、ロングに比べると、**ショートは、「自分の意志で髪型を選んでいる感」がある**と思います。

ヘアカタログも「ショート&ボブ」は売れますが、「ミディアム&ロング」は（そちらのほうが、人口が多いにもかかわらず）売れません。これは、短い髪を選ぶ人のほうが、「髪型」を意識してオーダーしようとしている裏返しだと思います。

＊ ショートにすると痩せる？

・ショートヘアにしたら、突然、内定が決まった。
・ショートヘアにしたら、突然、役職に抜擢された。

という話は、よく聞きます。ショートヘアはそれだけで目立ちます。

とくに周りにロング女子が多い環境なら、なおさら。まさに、欅坂《けやきざか》48の平手友梨奈さんのような感じです（彼女の場合は存在そのものも特別なのですが……）。

ショートは、目に留まるし、記憶に残ります。そして、与える髪キャラの印象は「活動的」だったり「明るい」だったり、「人とはちょっと違う」だったりします。だから、出世したり抜擢されたりしやすいのだと思います。

それだけではなく、**ショートにすると、痩せる人と、メイクが上手くなる人が多い。そして、リアルに性格が明るくなる人が多いです。**一見不思議な現象ですが、このメカニズムが働く理由は予想がつきます。

ショートにしたことがある人ならわかると思うのですが、この髪型は、物理的に顔が隠せなくなります。**髪が顔を全部覆ってくれる安心感がなくなるので、自分の顔への責任感が増します。**たるみが気になるから引き締めようかとか、顔が全面的に出るからメイクをはっきりしてみようかとか、そういう気持ちが働きやすくなります。また、ショートの持つ髪キャラのおかげで、「元気で明るい人なんだろうな」という（無意識の）テンションで話しかけられることが増えます。その循環が回ると、リアルに元気になったり、明るくなったりするのです。

＊ショートでキャラを先出しする

私の知り合いで、ウィットに富んだ辛口コメントが面白くて、場をどっかんどっかん笑いの渦に巻き込む女性がいます。

でも、実は彼女、以前は無口な人だったと聞いてびっくりしました。**数年前、ばっさり髪を切ってショートヘアにしてから、自分の素のキャラが出しやすくなった**というのです。

彼女いわく「ショートにしたとき、『あ、髪が私のキャラに追いついた』という気がした」とのこと。**本当に、自分にフィットした髪を見つけたときには、こういう表現をする方が多い**です。

なんとなく、今の自分にもやっとしていたり、自分の良さを出しきれていないなあと思うなら、ショートにしてみるのはどうでしょうか。何を変えるより、人生が大きく変わるきっかけになりますよ。

Point

・ショートヘアが持つ性格⇓活発、明るい、元気、個性的

大人女性にショートが◎な理由

＊ショートは、強い気持ちで選ぶ

ただし、年齢があがると、ショートヘアの意味は変わります。

というのも、統計的に、40代後半から50代になるにつれ、ロングヘア人口を、ショートヘア人口が上回っていくからです。これは、髪が痩せる、コシがなくなる、傷みやすくなるといった、さまざまなエイジングの問題がからんでくるからでしょう。

ですから、**年齢があがると、ショートヘアのほうがむしろ普通で、ロングヘアのほうが、頑張った結果、今もロングヘアをキープしていますという印象になります。**

ある女性がこんなことを言っていました。

「女は美容院で2度絶望するんです。一度は美容師さんに『そろそろ白髪染めを使いましょうか』と言われたとき。もう一度は美容師さんに『そろそろショートにしましょうか』と言われたとき」と。

なるほど。大人になってからの「そろそろショートにしましょうか？」は、「もう、あなたの髪はロングをキープできる元気がないですよ」という意味に聞こえるわけですね。

たしかに、髪が細くなりぺたんこになったら、ショートがおすすめです。ロングと違って、髪の重さで下に引っ張られないので、トップにふんわりボリュームが出しやすいのです。白髪が増えるとカラーリングを続けるのも大変です。だから美容師さんも、毎日の手入れを考えてそう言ってくれるのかもしれません。そのさりげない気遣いに、逆に傷ついてしまう女心もわかります。

でも、と言わせてください。

黒木瞳さんや石田ゆり子さんなどの例を挙げるまでもなく、**大人女性のショートヘアは、もともと素敵なものです。**

だから、**大人のショートほど「私は自分の意志で、このショートを選んでいるのです」という気持ちを強く持ってください。**

それがもし、髪質のためにやむなく選んでいるショートだったとしても、そのショートの中で、一番自分が気に入る色や形を手に入れて、堂々と「私はこのショートが気に入っているから、ショートなのです」と思って過ごしてください。その気持ちのようは、必ず、あなたの魅力を底上げしてくれます。

＊ショートはもっとも似合わせやすい髪型です

そうじゃなくても、私は、大人の女性にはショートヘアをおすすめします。髪質のことがあってもなくても、ショートヘアを選ぶことは、素敵なことです。なぜなら、**ショートは、１００人に１００パターンの似合わせ方法があるから**です。

ショートヘアはすべての髪の毛のデザインが基本的に顔の近くで完結します。ということは、10万本すべての毛が、似合わせに貢献できるということです。前髪、顔まわり、レイヤーの入れ方、後頭部の高さの出し方、カットライン、重心の置き方……などなど、その人にどう似合わせるかのテクニックが、山ほどあります。

「ショートは似合う人が限られる」というのは、ただの都市伝説です。**ショートほど、誰にでも似合う髪型はありません。ショートには似合わせ方のバリエーションが桁違いにたくさんあるのです。**

さらに、**ショートはいろんなキャラが演出できます**。ショート自体には、活発、元気、明るいなどの性格があるといいましたが、その前提の上で、前髪が長いか短いか、シルエットが丸いか、縦長か、カットラインが前下がりか前上がりか……など、あらゆるポイントで、細かく印象を選ぶことができます。ショートで色気を出すこともできますし、落ち着いた雰囲気を出すこともできます。長い髪に比べて、差別化できるポイントが多いのです。

言ってみれば**ショートヘアとは、つるしの服ではなく、オーダーメイドのワンピースを手に入れるようなもの**です。

大人の女性には、その人が歩いてきた歴史があります。どんな自分を表現し、どんな自分として生きていきたいか、誰もが一家言あるでしょう。そんな人ほど、バリエーション豊富な、オンリーワンのショートヘアを手に入れてほしいのです。

Point

・大人のショートヘアが持つ性格⇩オリジナリティを大切にする

ミディアムヘアはずるい

＊どちらにも転がせるのがミディアム

ミディアムヘアは、肩を超える長さから、鎖骨下3〜5センチくらいまでの長さを指します。この長さは、**ロングの良さもショートの良さも、いいとこ取りできる「ずるい長さ」**だと感じます。

先日、美容家の神崎恵さんの『この世でいちばん美しいのはだれ？』を読んでいたら、「いちばん美人に見える髪の長さは鎖骨くらい」と書かれていました。この理由はよくわかります。

ロングのような女性らしさも捨てがたい、ショートのような個性も出したい。そう思ったら、ミディアムヘアは使い勝手のいいオールマイティヘアです。

機能面でいっても、ミディアムならば髪を結ぶことができますし、アップスタイルにもできます。ロングほど髪を乾かすのに時間がかかりませんから、その点でも生活にフィットした長さといえるかもしれません。

ミディアムヘアの場合、あとで話す、シルエットと曲線の割合が、印象を大きく左右します。

シルエットが、縦に長ければシャープな印象になりますし、丸に近づけば、幼く可愛らしい印象になります。また、ミディアムヘアに多いAラインのシルエットは、やわらかさや可憐さを印象づけます。ヘアスタイルを選ぶときは、シルエットに着目してみてください。

＊ボブはカットラインが命

ショートとミディアムの間に「ボブ」という長さを設定しているヘアカタログもあります（というか、ほとんどです）。

でも実は、ボブは、髪の長さを示す言葉ではなく、「内側の毛よりも表面に重なる毛のほうが長い、丸みのある形」を示す言葉です。

ですから、**正確に言うと、「ボブという形」はあっても「ボブという長さ」はありません。**ただ、ボブはおおむね肩上くらいまでの長さが多いので、長さの印象でいうと、ショートとだいたい同じだと思ってもらって大丈夫です。

ボブは、その丸みとカットラインが特徴です。ですので、ボブが持つ性格については、シルエットとカットラインのところでお話ししましょう。

Point

・ミディアムヘアが持つ性格
⇓オールマイティ（シルエットと曲線の割合次第）

見た目年齢はシルエットで操る

次に、シルエットの話をしましょう。

シルエットというのは、髪型の外側の輪郭を指します。このシルエットには、前&後ろから見たときのシルエットと、横から見たときのシルエットがあります。

＊丸いと可愛く、長いと大人っぽい

まず、前と後ろから見たときのシルエットについてお話しします。

このシルエットは、大きく分けて、「丸い」か「縦長」かがあります。一般的に、**シルエットが丸に近づけば近づくほど、若く、可愛らしい印象。縦長になると、大人っぽくクールな印象になります。**

同じショートヘアでも、丸みのあるショートボブなら、可愛らしく親近感を与えます。髪の面が強調されやすいので、ツヤが出て清潔感もあります。一方、レイヤーが入った縦長のショートならスマートで洗練された印象になります。

襟足の有り無しも重要です。襟足が無い丸いシルエットなのか、首筋に毛が沿った襟足なのかで、ずいぶん雰囲気は変わります。

ミディアムとロングの場合は、シルエットは「縦長（楕円）」か、「すそ広がり（Aライン）」かになります。縦長の楕円シルエットはスマートな印象。**すそ広がりのシルエットは、華やかで、フェミニン度があがります。**

とくに、ミディアムヘアの場合、鎖骨のあたりでしゅっとすぼまって楕円系のシルエットになるのか、鎖骨あたりでふわっと広がってAラインになるのかでは、だいぶ印象が変わりますので、美容師さんと相談してみてください。

Point

- 丸いシルエットが持つ性格⇓若さ、可愛らしさ
- 縦長（楕円）シルエットが持つ性格⇓大人っぽさ、スマートさ
- すそ広がりシルエットが持つ性格⇓華やかさ、ゴージャス感

女の知性は後頭部に宿る

横から見たシルエットは、後頭部の高さがポイントになります。

後頭部に高さがあるヘアスタイルは、知的で、大人っぽく、リッチな印象になります。後頭部の高さは、生まれ持った骨格の美しさを感じさせるからです。

これにもやはり、歴史的な背景があります。

今以上に、日本人が欧米人スタイルに憧れていたころ、彼らの脚の長さと後頭部の高さ（絶壁ではないこと）は外国人骨格の象徴で憧れの的でした。それで今でも、後頭部に高さがあると、ゴージャスな印象があるのです。とくに、グローバルな環境ではなおさらです。ある著名な接客講師の先生は、「後頭部を高くすると、お客様からのクレームが減る」とアドバイスしているそうです。

後頭部に高さを出すためには、ある程度、後頭部に短い毛をしのばせておく必要があります。美容師さんは、仕事がら威厳が必要な女性のカットをするときは、後頭部に知性が宿るように、ひそかに後頭部の切り方を変えたりしています。

ただし、親しみやすさの観点からいうと、後頭部を高くしすぎないほうがいいかもしれません。

日本では、まだ「女はバカなほうが可愛い」なんて発言をする人もいるくらいです（最近はこういう発言がちゃんと炎上するようになってきて、いいことですね。にっこり）。そういう環境でうまく立ち回る必要がある人なら、あえて後頭部を高くしないほうがいいかもしれません。

よくよく観察すると、キャスターや、報道番組のアナウンサーには、後頭部を高くした女性が多く、バラエティ番

組のアナウンサーには、親しみやすいノーマル後頭部の女性が多いと感じます。これも、自分のキャラクターを髪で表現している一例だと感じます。
女性の立ち位置は、後頭部で変えられます。

Point

・高い後頭部が持つ性格⇒知的、賢さ、リッチ感、威厳
・ノーマル後頭部が持つ性格⇒親しみやすさ、カジュアル感

前上がるか、前下がるか、それが問題だ

カットラインによっても、髪型の持つ性格は変わります。

カットラインには、大きく分けて、前上がり、前下がり、水平の3つがあります。前上がりというのは、後ろから前に向かって徐々に短くなるカットを指します。前下がりはその逆。水平というのは、前も後ろも全部長さが同じ髪型です。

どのスタイルでも、カットラインの印象によってイメージは変わりますが、とくにボブは、カットラインで印象が激変します。

同じ「ボブにしてください」とオーダーしても、前上がりボブ、前下がりボブ、水平ボブでは、全然違う雰囲気になります。

＊「愛されヘア」はだいたい前上がり

まず、**前上がりのカットラインだと、ナチュラルな印象になります**。前上がりは、頭の構造に自然に沿ったカットで、それ自体にとくに強い主張はありません。なかでもボブを前上がりにカットすると、もともとボブが持っている丸みが自然に生かされます。ですから、可愛らしい印象や柔らかい印象がより強く出ます。よく、「愛されボブ」や「好感ボブ」などとキャッチフレーズがついているヘアスタイル写真を見かけますが、だいたい前上がりボブです。

＊ナメられたくないなら、とりあえず前下がってておく

ところがこれが、前下がりになると、突然印象が変わります。前下がりのカットラインは、毛先に鋭角の角ができます。

とくに、前下がりボブは、別格の存在感です。ちょうど鋭角の角が、視線の集まる顔まわり（唇〜あごのあたり）にくるので、鋭さ100倍増しなのです。さらに、ボブにはもともと丸みがあります。シルエットは丸いのに、毛先は鋭い。コントラスト

が効いているので、余計、顔まわりのシャープさが際立ちます。**きりっとした印象、凛とした強い印象に見えるのが、この前下がりボブです。**

漫画でもドラマでも、「仕事ができる女性」とか「切れ者の女性」は、前下がりボブの髪型を与えられることが多いです。

また、**誰もがしている髪型ではないので、ヘアスタイルに詳しいおしゃれな人、という特別感も出ます**。先日、友人がファッション誌の女性編集長ばかりが集まる会を取材したら、その場にいた女性の1人をのぞいて全員が、前下がりボブだったと言っていました。ファッション関係者であるモード感と、雑誌のトップであるキャリア感を、両方実現できる髪型なんでしょうね。

会社でナメられる、出世したいのにできないという女性は（とくに、男性が多い会社では）、いったん、前下がってておきましょう。

なかでも、**前下がりボブは、「おぬし、できるな」感が半端ない**です。

私の知り合いだけでも、前下がりボブに変えた数カ月以内に、出世した、プロジェクトに抜擢された、という友人が20人以上います。

そういえば、**前下がりボブにしたら、モラハラ、パワハラ、セクハラを受けなくなったという話もよく聞きます。**前下がりボブには、軽々しく扱えない雰囲気が出るのかもしれません。

＊ おしゃれ上級者に見える水平ライン

最後に、地面と平行にばつっとカットする、水平のカットラインについてもお話しします。この切り方は、ワンレングスともいいます。

水平のカットラインもやはり「わざわざ選んでやっています」感が出るので、おしゃれ上級者な雰囲気が醸し出されます。

水平ボブはモードな雰囲気が出ますし、ミディアムヘアであってもロングヘアであっても、毛先がまっすぐ切りそろえられているスタイルは、「人とはちょっと違う」印象になります。

また、**毛先を水平に切りそろえると、物理的に毛先に厚みが出ます。**なので、**毛先が薄くなった女性にも、超おすすめ。**すかすかになった毛先を、すかすかになっている長さの分だけカットして厚みを持たせると、それだけで髪がたっぷり豊かな人に見えます。

先に話したように、カットラインは、おおむね前上がりが、一般的です。ですから、前下がりや、水平のカットラインは、「おしゃれを知っている人」「こだわっている人」の印象がつきます。

Point

- 前上がりのカットラインが持つ性格⇓ナチュラル、自然体
- 前下がりのカットラインが持つ性格⇓強さ、鋭さ、賢さ
- 水平のカットラインが持つ性格⇓モード、おしゃれ感、個性的

Chapter
03

髪を、あなたの武器にする

髪色は「記号」である

＊なぜ就活で黒髪にするのか

ヘアカラーの話をしましょう。髪色にも、「性格」があります。髪色で感じる性格は、多分に文化的な背景があります。

就職活動のときに、（残念ながら）黒髪にしなくてはならない空気があるのは、**黒髪に真面目そう、誠実そうという古くから刷り込まれたキャラ設定があり**、金髪に遊んでいそう、チャラチャラしていそうというキャラ設定があるからです。

昔、今ほどカラーリングが一般的じゃなかった時代、オキシドールやコーラを使って髪を脱色するのは、ちょっと不良っぽい子たちでした。今でも、この感覚が残っていて「黒髪はスレていない証」「金髪は遊び人」のようなキャラ設定が残っているのです。

私は、**ヘアスタイルにもカラーにも、多様性が広がってほしい**と思っています。

昔はデニムをはくと「作業着で人前に出るなんて失礼な」と言われました。ピアスをすると「親が産んだ体に穴をあけるなんて」と言われました。髪色に関しても「信じられないかもしれないけれど、昔は校則で髪色が決められていたんだよ」という時代がくると願っています。

と、話が脱線しましたが、その願いは願いとして、今現在、特定の髪色が人に与える印象があることは、否めません。それを踏まえた上で、髪色が持つ性格について話をします。

＊SATCの4人の髪色が持つ意味

世界的なベストセラー『ヘア・カルチャー　もうひとつの女性文化論』には、「**女性の髪色は、その人の印象をコントロールする記号である**」と書かれています。

たとえば、アメリカではマリリン・モンローやマドンナに象徴されるブロンドヘアはセクシーな女性を示す記号、ブルネット（黒髪に近い茶色）の髪は保守的で良妻賢母の記号、赤毛は変わり者を表す記号なのだそうです。

『赤毛のアン』という有名な本がありますが、あのタイトルは、アメリカの人にとっては「変わり者の女の子のお話」という意味を感じるタイトルなのだとか。

なるほど、そう思って海外のドラマを見ると、たしかに、髪色が記号的な役割を果たしていることがよくわかります。

たとえば、ニューヨークの女性の恋愛と仕事について描かれたドラマ、「Ｓｅｘ ａｎｄ ｔｈｅ Ｃｉｔｙ」に出てきた4人の女性は、ブロンドが2人（キャリーとサマンサ）、ブルネットが1人（シャーロット）、赤毛が1人（ミランダ）でした。

ブロンドの2人は、まさにセクシー担当。キャリーは恋愛コラムニストだし、サマンサはセックス依存症ともいえるほどの男性好きとして登場します。ブルネットのシャーロットは「結婚するまでバージンでいなくちゃ」という保守的な女性として描かれていますし、赤毛のミランダは男性と肩を並べてバリバリに活躍する弁護士で、個性的な役柄です。

まさに、髪が記号的な役割を果たしていることがわかります。

ここでポイントなのが、**実は、マリリン・モンローも、マドンナも、「Ｓｅｘ ａ**

nd the City」のブロンドの2人も、**全員地毛の色ではない**ということです。彼女たちは、「髪色が持つ記号性＝性格」をうまく使って、自分の立ち位置や、キャラをわかりやすくしていたのです。

もとはといえば、髪色が持つ記号性は、人種の違いからスタートしていたのではないかと想像されます。でも**髪色を自分で好きに選べる今の時代は、髪色の持っていた「記号性＝性格」は、戦略的に使いこなすもの**になっています。**欧米ではとにかく髪の持つ第一印象を大切にします。**ヘアカラーに関しては、自分専用のレシピを持っている人もたくさんいます。引っ越しても、サロンを変えても、そのレシピを渡して施術してもらうのです。このように、ヘアカラーを戦略的に使いこなすやり方は、ぜひ、お手本にしたいものです。

Point

× 適当に髪色を選ぶ
○ 戦略的に髪色を選ぶ

赤みを消すと外国人風カラーになる

ヘアカラーには、まずは、明度（明るさ）の差があります。

美容院にある、ヘアカラーチャートを見たことがある人もいると思いますが、数字レベルが大きいほど、明度が高く明るくなります。一般的に、**明度が高くなるほど華やかで明るい印象になります。明度が下がるほど、落ち着いた印象になります。**金髪レベルまで明るくなると、奔放で常識にとらわれない印象になるでしょう。

まずは、明度の差で印象が変わると覚えておいてください。

＊「外国人風カラー」には赤みがない

色みでいうと、大きく分けると寒色系と暖色系があります。寒色系は、アッシュ、グリーン（マット）など。暖色系は、ピンク、オレンジ、レッドなど。

だいたいの場合は、こういった色味が、ブラウンと混ぜられて、アッシュブラウン、ピンクブラウンなどといった色で処方されます。

美容院で**「外国人風カラー」などと打ち出されている色は、ほとんどが寒色系のカラーを指します**。欧米人の髪色には赤みが少ないので、赤みを取り除いた寒色系のカラーをすると、それっぽい色になるのです。**寒色系のカラーは、クールな雰囲気や、涼しげな雰囲気が出やすくなります**。

一方、**暖色系のカラーは、あたたかみや、やわらかさが出やすくなります**。ピンクブラウンやオレンジブラウンといっても、ピンクやオレンジはほんのり感じる程度です。

＊グレイヘア＝白髪のまま染めないヘア

ほんの数年前まで、シワやたるみや入れ歯などのように、白髪は加齢を表す記号でした。

「白髪がある＝年齢を重ねている」ことであり、それを隠したいなら白髪を染める、諦めるならそのままにするというのが、一般的な選択肢でした。

ですが、この数年、白髪に対する価値観は大きく変わりつつあります。

ありのままの髪色で過ごしていいじゃないかという「グレイヘアブーム」が起こり、白髪の持つ「性格」が大きく変化しはじめました。

これまでは、「染めるのを諦めたから白髪」というネガティブな存在だったのが**「あえてありのままの自分を見せる白髪」というポジティブな存在**にも捉えられるようになったのです。

このように、時代や文化の変化によって、髪型や髪色の持つ「性格」は少しずつ変わっていくことがあります。

Point

- 明るいカラーが持つ性格⇓華やかさ、明るさ、軽さ
- 暗いカラーが持つ性格⇓落ち着き、誠実さ、重さ
- 寒色系カラーが持つ性格⇓クールさ、軽さ、涼しさ
- 暖色系カラーが持つ性格⇓あたたかさ、やわらかさ

曲線分量が女子度と比例する

最後に、曲線分量についてお話しします。

髪は、直線が強調されれば、清楚で真面目な印象になります。逆に、曲線が多ければ、やわらかく華やかな印象になります。

曲線の分量は、女子度に比例します。

ヘアスタイルにおける曲線は、3種類。Cカール、Jカール、Sウェーブです。

Cカールは、曲線の中でも、ちょっと元気な印象。Cカールが重なると、毛先がぴょんぴょん動く感じになるので、**若くて可愛い、アクティブなイメージ**になるでしょう。

Jカールは、毛先がゆらっと揺れる程度のカール感。アイロンで巻いたときなどは、このJカールを目指すことが多いように思います。**しなやかさや、華やかさを演出できます**。

Sウェーブは、曲線が1回で終わらず、ゆるやかにつながっていく感じです。ウェーブを作るためには、ある程度の長さが必要ですので、ミディアム以上の髪になるでしょう。CカールやJカールよりも、カーブが強くない、自然な曲線になります。**空気感が出るスタイルなので、やわらかさや、ハッピー感が出やすい**です。

Point

- 直線が持つ性格⇓清楚、落ち着き、真面目さ、清潔感
- Cカールが持つ性格⇓元気さ、キュートさ、若々しさ
- Jカールが持つ性格⇓しなやかさ、華やかさ、女らしさ
- Sウェーブが持つ性格⇓やわらかさ、ハッピー感、おしゃれ感

Chapter
03

髪を、あなたの武器にする

髪型の足し算&引き算

さて、ここまで、前髪、長さ、カットライン、シルエット、カラー、直線曲線が持つ「性格」の話をしてきました。

ひょっとしたら、この時点でいろいろ混乱している人もいるかもしれません。

たとえば、活発な性格を持つショートバング（短め前髪）と、おとなしい性格を持つロングヘアを掛け合わせたら、どうなるんだ？？？　とか。

そうなんです。前髪には前髪の、長さには長さの、カットラインにはカットラインの持つそれぞれの「性格」があります。

ですから、それらの要素がいろいろ組み合わさった私の髪は、どう見えているだろう？　という疑問が生まれるのも、当然です。

この件について説明しましょう。

＊あなたの髪はすでにプロに「コーディネート」されている

髪型の最終的な印象は、それぞれのパートが持つ「性格」の足し算&引き算で決まります。これは、洋服のコーディネートのようなものだと思ってください。

洋服も、「全身キメキメになりすぎたと思ったら、スニーカーで外しを入れよう」などと、足し算&引き算をして、バランスをとるのではないかと思います。

髪もだいたいそんな感じです。

おとなしそうなロングヘアなんだけれど、なんか物足りないから、前髪を短くするとか。そういう感じで足し算&引き算するのです。


ただ、どんな髪にどんな性格があるのか、またどんな足し算・引き算をすればちぐはぐにならないのかは、あなたが暗記したり悩んだりする必要はありません。

それは、美容師さんの仕事です。というか、それ〝こそ〟が、美容師さんの仕事です。

美容師さんは、これまで私が話してきたような、髪が持つ「性格」のことを、百も承知です。それどころか、今回、私が言及していない、もっともっと細かい「性格」

もすべて頭に入っています。

それらの「性格」をうまく組み合わせ、あなたの顔型や髪質を生かしながら（ときには「結べる長さにしてほしい」といった要望も考慮しながら）、カットしたりカラーしたり、パーマしたりしているのです。

これは、お医者さんが、患者から病状を聞いて検査をして病名を特定し、副作用を考慮しながら、薬を選んだり、手術をしたりするのとまったく同じです。


でも、ひょっとしたら、あなたは今のあなたの髪を気に入っていないかもしれません。

だとしたら、あなたが、「こんなふうになりたい」というイメージを、しっかり伝えられていないからかもしれません。もしくは、美容師さんが、あなたの「こんなふうになりたい」を、服装や話し方だけから判断して、ズレが生まれてしまっているからかもしれません。

このズレを防ぐためにも、私は今回この本で、「髪には性格がある」ことを、一度説明しました。

そして今のあなたの髪型がどんな性格で、どんなふうに見えているのか。それをまず知ってほしくて、この章を書きました。

ですから、全部覚えなきゃとか、チェック項目が多すぎるとか、心配しないでください。そして、**美容院では、どうオーダーすればいいの？** ということは、次の章でお伝えしますので、安心してくださいね。

さて、髪があなたの武器になることがわかったところで、いよいよあなたに「本当に似合う髪型」を探しにいきましょう。

Point

- **最終的な印象は、各パートが持つ「性格」の組み合わせで決まる**
- **ただし、効果的な組み合わせ方はプロに任せてよい**

＊「髪が持つ性格」早見表

あなたがなりたいイメージを叶えてくれるヘアスタイルをチェックしてみてください。

	シルエット	カットライン	髪色	カーブ
	丸シルエット	前上がり	明るめ	Cカール
	縦長シルエット		暗め	
	丸シルエット	前上がり	明るめ	Cカール
	縦長シルエット	前下がり	寒色系カラー	
	Aラインシルエット		暖色系カラー	Jカール・ Sウェーブ
		前下がり		Jカール・ Sウェーブ
	ノーマル後頭部	前上がり		
		前下がり・水平	金髪・ 原色系カラー	
			黒髪	ストレート
			明るめ	Cカール
	Aラインシルエット		明るめ	Jカール
			暗め、黒髪	ストレート
			黒髪	ストレート
		水平		Sウェーブ
	高い後頭部	前下がり	暗め	ストレート

なりたいイメージ	前髪	長さ	
若い	おろし前髪		
大人っぽい	前髪なし		
可愛い	おろし前髪・ぱっつん前髪		
かっこいい（クール）	前髪なし		
女らしい	7：3分け	ロング	
色っぽい	8：2分け・サイドパート		
ナチュラル	6：4分け	ボブ	
個性的	大人のぱっつん前髪・ショートバング	ショート	
保守的・真面目	センターパート	ロング	
明るい・活発	おろし前髪・ショートバング	ショート	
華やか	サイドパート		
落ち着いた	センターパート	ボブ	
清楚	斜め前髪・センターパート		
おしゃれ	大人のぱっつん前髪・ショートバング	ショート	
知的			

Chapter

04

髪で、あなたは何を語る

髪は、あなたの意志を伝えてくれます。

「私は、こういう人として、
生きていきたいと思っています」
それを、時にはさりげなく、時にはわかりやすく、
語ってくれるのが、髪の存在です。

だとしたら、髪で、あなたは何を語りますか？
あなたは、どんな自分になりたいですか。
髪型選びは、たぶん、自分探しに似ています。

「似合っているのに気に入らない」の罠

いろんな髪の性格を知ってもらったところで、ここからは具体的に、どのようにその髪型を手に入れるのか。美容師さんにどんなふうにオーダーすればいいかについてお話ししたいと思います。

＊いや、その髪型、とても似合ってますよ

私は普段、いろんな女性向けのセミナーに登壇し、彼女たちの髪の悩みを聞き、直接、髪型や美容院選びのアドバイスをしています。

日本全国、10代から70代まで、数多くの女性と直接やりとりを重ねてきて、ひとつ、発見がありました。

それは、**「いつも気に入った髪型にならない」とか「似合う髪型が見つからない」と相談される方の7割以上は、客観的に見て、ちゃんと似合っている**ということです。

顔立ちに似合っているだけではなく、髪に触らせてもらうと、上手にクセ毛をおさめていたり、薄毛がさりげなくカバーされていたり、丸顔が目立たなくなったり……と、ものすごく考え抜かれたスタイルになっていることがほとんどです。

つまり**「髪型が似合っていない」と思っている女性たちの多くは、正確にいうと「（見た目的には）似合っているのに、気に入っていない」**状態だということがわかります。

＊似合えばいいってもんじゃない問題

この、「似合っているのに気に入らない問題」は、別の角度から見ると、「似合えばいいってもんじゃない問題」ともいえます。**髪型界隈では常にこの「似合えばいいってもんじゃない問題」が勃発しています。**

たとえば、

大きな目を生かすために「ぱっつん前髪」にした。

⇓めっちゃ似合ってるし、実年齢よりも5歳は若く見えるようになった。

⇓でもなんだかピンとこない。

⇓あ！　私、若く見せたいわけじゃないのかも！
⇓似合っていればいいってもんじゃない！

というような感じです。

顔や、髪質に似合う（生かす）ことは、とても大事です。でも、それだけでは、「（本当の意味で）似合う髪型」は手に入りません。

なぜなら、「似合う髪型」には、次の3つの要素があるからです。

＊似合うには3種類ある

「似合う髪型」というと、ほとんどの人は、顔や、髪質に似合っていることを指すと考えます。この場合の顔は顔立ちや顔型を指します。

けれども、これは「似合う」の一部でしかありません。それと同じか、それ以上に大事なのは、**あなたの「心に似合うかどうか」です。**心に似合うとは、今のあなたの気分や気持ちに合っているという意味です。

「似合う」には次の3種類あります。

（A）顔・髪質に似合っている……45％
（B）気分・気持ち（心）に似合っている……45％
（C）日頃のスタイリング方法に似合っている……10％

どんなに顔や髪質に似合っていても（A）、その髪型が自分の気持ちとフィットしていなければ（B）、しっくりきません。

これは、「似合う服と好きな服は違う件」と似ています。いくら似合うと言われてもベージュは嫌いとか、ミニスカートは苦手とかって、よくありますよね。

（A）と（B）の重要度は、ほぼ同じです。

加えて言うと、「似合う」には、「日頃のスタイリング方法に似合う」（C）も関係します。毎日、髪を乾かすだけで精一杯なのか、アイロンまで使ってセットするのか。それによって、あなたに合う髪型も変わります。

(A)	顔・髪質 に似合っている	45%
(B)	気分．気持ち(心) に似合っている	45%
(C)	日頃のスタイリング方法 に似合っている	10%

次のページでもう少し詳しくお話ししますね。

Point

× 似合う髪型とは、顔・髪質に似合う髪型のこと
○ 似合う髪型とは、顔・髪質、そして心に似合う髪型のこと

あなたに「似合う髪型」は無数にある

＊「年齢に似合う髪型」の落とし穴

「似合う髪型」について、もう少し解説していきましょう。

もしも、顔や髪質によってのみ、「似合う髪型」が決まるのであれば、よっぽど顔や髪質が変わらない限り、「似合う髪型」も変わらないはずです。

でも、あるとき、「それまで気に入っていた髪型が、なんかしっくりこなくなった」という経験がある人も多いのではないでしょうか。

これは、あなたの心境が変わったから起こる現象です。

昨年（昨月）のあなたと、今年（今月）のあなたに生まれた「気持ちの変化」が、「なんかしっくりこない」につながるのです。

どんなに顔や髪質に似合っていたとしても、心が変化したら、「(本当の意味での)似合う髪型」は変わります。

よく「年齢にあった髪型にしましょう」などと言われますが、あれは、年齢を重ねると髪が薄くなったり、白髪が増えたりすることだけを指しているわけではありません。年齢を重ねると、人生の中での優先順位も変わります。つまり、心に似合う髪型も変わっていきます。

「(本当の意味での)似合う髪型」は、心に似合うことが必須なので、そのときどきで似合う髪型が変わってくるというわけです。

＊「一番似合う髪」は常に変化する

また、あなたに似合う髪型はたったひとつではありません。

美容師さんがお客様からよく聞かれる質問ナンバーワンは「私に一番似合う髪型はどんな髪型ですか?」だそうです。

でも、もうお気づきでしょうが、**似合う髪型は、ひとつだけではありません**。そして、何が〝一番〟似合うかは、その人のそのときの気持ちによって順位が変わります。

似合う髪型は、あなたの心の変化とともに、変わっていくものなのです。

Point

× 似合う髪型はひとつしかない
○ 似合う髪型はたくさんある

美容院で「おまかせ」と言ってはいけない

＊美容師さんはプロだけどエスパーではない

先ほど、「似合う」には次の3種類があるとお話ししました。

（A）顔・髪質に似合っている
（B）気分・気持ち（心）に似合っている
（C）日頃のスタイリング方法に似合っている

美容師さんは髪のプロなので、（A）は、あなたの顔を見て髪を触ればだいたいわかります。カウンセリング中、

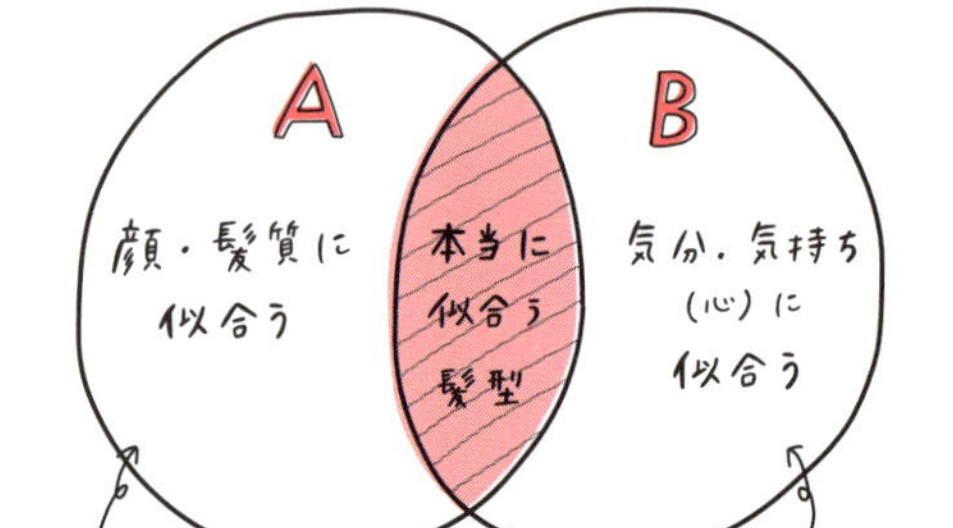

美容師さんの頭の中には、5～10個くらいの「似合いそうな髪型」が思い浮かんでいるものです。

しかし、**美容師さんは髪のプロですが、エスパーではありません**。だから、あなたがどんな気分で、どんな自分になりたいのか（B）と、日頃どんなスタイリングをしているか（C）は、あなた自身が美容師さんに伝えないとわかりません。

順番は、（B）が先です。まずは、あなたがどんな自分になりたいのか、どんな自分として生きていきたいのか、それを伝えてください。そうすれば、美容師さんが（B）と（A）の重なる部分で、「（本当の意味で）似合う髪型」を提案してくれます（（C）の話はのちほどします）。

その提案のとき、美容師さんは、3章でお話ししたような、「髪が持つ性格」をフル回転で組み合わせて、髪型を考えています。

「こうなりたい」と思っているその雰囲気を、もっとも効果的に表現できるのは、前髪なのか、長さなのか、カラーなのか。それを、あなたの顔や髪質を踏まえて、提案してくれます。

＊美容院のカウンセリングは、病院の問診と同じ

美容院で気に入る髪型になるために一番大事なのは、「自己開示」です。

病院で、ちゃんと自分の症状を伝えないと正しい処方箋をもらえないように、美容院でも、どんな自分になりたいかを伝えないと、正しい処方箋はもらえません。

美容院で「似合うようにしてください。おまかせします」という人は、意外と多いそうです。

でも、これは、病院で診察室に入るなり「さあ、先生、私に合った薬を出してください。手術してくれてもいいんですよ！」と言っているようなものです。

長年付き合っている美容師さんであればいいでしょうが、そうでない場合は、「顔型や髪質に似合った髪型」は手に入るかもしれませんが、「心に似合った髪型」は、手に入りません。

美容師さんによっては、「おまかせください」とか「おまかせと言われると燃えます（萌えます）」などと話す方もいます。でも、その場合でも、その美容師さんは「どんなふうになりたいか」に関して、なんらかの質問をあなたにしているはずです。

美容師さんの言う「おまかせください」は、「（顔立ちや顔型や髪質に対する似合わせに関しては、プロである私に）おまかせください」という意味です。

どんなに腕のある美容師さんだとしても、「どんな自分になりたいか」に関しては、あなた自身が自分で伝えない限りは、伝わりません。

とはいえ、いきなり「どんな自分になりたい？　それを美容師さんに伝えて」と言われても困ってしまうと思います。

そんなあなたには、次のページから美容師さんに伝えるべきことを整理できる方法をご紹介します。

Point

×美容師さんに全部おまかせ

○「なりたい自分」を伝えて、あとはおまかせ

髪型探しは自分探しに似ている

心に似合う髪型を手に入れるために、あなたが今、どんな気持ちなのか。どんな自分になりたいと思っているかを、見つけるワークをご紹介しましょう。

私が普段、髪型に悩んでいる方々と一緒にやるワークです。

＊ あなたが本当になりたい自分は？

まずは一番簡単なワークです。次の2つの質問に答えてください。

❶もし、顔立ちにも、顔型にも、髪質にも、何の制限もないとしたら、どんな髪型にしてみたいですか？

これは、頭に髪型を思い浮かべるだけでもいいですし、実際にヘアカタログやインスタグラムなどで写真を眺めながら考えてもいいです。憧れの女優さんやモデルさんの髪型でももちろんいいですよ。

Work A

1）もし、何も制限がないとしたら、どんな髪型にしてみたいですか？

2）その髪型にしたら、どんな雰囲気になれそうですか？
いくつでも書き出してみてください。

髪型は思い浮かびましたか？　それでは次に、**❷その髪型にしたら、どんな雰囲気になれそうだと思いますか？**　いくつでもいいので、言葉にして書き出してみてください。

さて、どんな言葉が出てきたでしょうか？　かっこいい感じ？　それとも、癒される感じ？　仕事ができそうな女性とか、優しいママとか、そんな言葉かもしれません。

このとき、❷で出てきた言葉が、「あなたが本当になりたい自分の姿」を示すキーワードといえます。

一例をあげましょう。

たとえば、❶何の制限もなかったら吉瀬《きちせ》美智子さんのようなショートヘアにしたいとします。❷あなたは、そのショートヘアにしたら「知的」で「セクシー」、そして「しなやか」な雰囲気になれそうだと感じていたとします。

その場合、あなたの「なりたい自分」を示すキーワードは、「知的」「セクシー」「しなやか」ということになります。

これが、あなたが美容院で伝えるべき、「なりたい自分」のキーワードです。

人によっては、自分でもびっくりするようなキーワードが出てくるかもしれませんが、それがあなたの心の声だと思ってください。

＊自分を棚卸ししてみよう

今のはとても簡単なワークでしたが、もう少し時間をかけられる人は、以下のワークで自分をしっかり棚卸ししてみましょう。

❶あなたが、「こんな言葉で形容される（褒められる）自分になりたい」と思う言葉を、20個、書き出してみてください。先ほどのワークで出てきた言葉を入れてもよいです（※何も思いつかない場合は155ページを参考にして下さい）。

❷そのうち、自分にとってとくに優先順位の高い言葉を3つ選んでください（※選ぶのに迷った時は160ページを参考にして下さい）。

❸選び終わったら、なぜその言葉で形容されたいのか（褒められたいのか）、その理由を考えてみてください。

どうでしょう。20個すらすら出てきましたか？　意外と時間がかかったかもしれません。このワークをすると「こんなに自分に向き合ったのは、就職活動以来です」な

Work B

1) あなたが「こんな言葉で形容される（褒められる）自分になりたい」と思う言葉を20個書き出してください。（ワークAで出てきた言葉でもOK）

2) そのうち、とくに優先順位の高い言葉を3つ選んでください。

3) そして、なぜその言葉で形容されたいのか、その理由を考えてみてください。

	選んだ言葉	その理由
①		
②		
③		

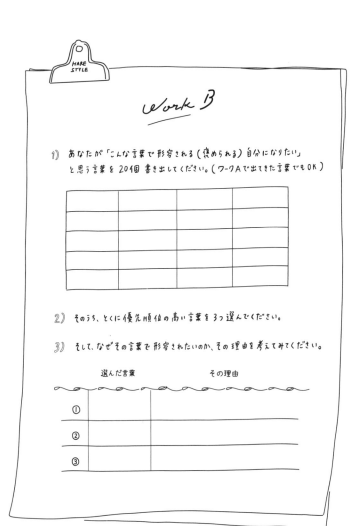

ど言う方もいます。多くの方は10～15分くらい、時間がかかります。

そうですよね。大人になればなるほど、自分のことは後回しになってしまうなと感じます。仕事が忙しかったり、パートナーや子どものことなど、自分よりも優先しなきゃいけないことが増えたり……と、大人の女性はなかなか、自分を省みる時間がありません。

でも「（本当の意味で）似合う髪型」を手に入れるためには、「自分はどんな自分になりたいか」の棚卸しが欠かせないのです。

髪型探しは、自分探しに似ています。ぜひこの機会に、5分でも、10分でもいいので、自分を見つめる時間を作ってみてください。

＊みんな、自分をよく知らない

私が自分の棚卸しが大事だと考えるのには理由があります。というのも、**私たちは、自分で思っているほど、自分の気持ちがよくわかっていません**。

女性メディアの編集長たちからよく聞くのは、「今の読者の悩みを解きほぐしていくと、最終的に行き着くのは**『自分がどうなりたいかがわからない』ってこと**だよね」

です。自分がどっちに向かって進めばいいかわからないから、新しい服を買っても、コスメを買っても、ヘアスタイルを変えても、ぴんとこない。何かもやもやしている人が多い。

なるほど、その感覚、よくわかります。私にお悩み相談にきてくださる人も、「では、○○さんは、どんな自分になりたいですか？」と聞くと、考え込んでしまう人がいっぱいいます。このままの状態で美容院に行くと、どんなに腕のいい美容師さんに切ってもらったとしても「何かが違う」というもやもや感が残ります。

このワークの最後で、どうしてそのキーワードを選ぶのか、その理由を書き出してもらうのは、「どんな自分になりたいか」を明確にするためです。

ひょっとしたら、悩んでしまうかもしれませんが、美容院に行く前にぜひ、トライしてみてください。**自分を見つめ直すことは、自分を大事にするということでもあります**。心の声に耳を傾けてみてくださいね。

Point

× 美容院に行ってから希望を考える
○ 美容院に行く前に勝負の半分は決まっている

綺麗になることを自分に許してください

＊「綺麗になりたい」を口に出せない人は多い

もし、先ほどのワークで、うまく言葉が出てこないのだとしたら、ひょっとしてあなたは**心のどこかで「自分なんかが綺麗になりたいと思っちゃいけない」と思っていませんか？**

私は、そういう女性に、たくさん出会ってきました。

年齢は関係ありません。若い人は若い人で「自分なんかが……」と思っている人が多いし、年配の方は年配の方で「もういい歳なのに……」と思っている方が多いのです。

ワーク中に、「なにを書いてもいいんですよ。『綺麗になりたい』って思ってもいいんですよ」というと、目をうるませる方や、涙をこぼされる方もいます。

美容院で、女優さんの髪型の切り抜きを出して「すみません、私とは顔が全然違うってわかっているんですけど」と言う方もいます。

綺麗を諦めているのとはちょっと違う。「私なんかが（綺麗になりたいなんて言って、お手をわずらわせて）すみません」というニュアンスが一番近いかもしれません。

私が知る限り、こういう方は、性格が真面目な長女に多い気がします。

＊ 綺麗になってもいい理由を作ろう

この気持ちは、とてもよくわかります。

思春期になるくらいまでに、自分の見た目に対して「私なんかが……」という気持ちをどこかで持ってしまうと、そこから先は、その思いを表出させること自体が、恥ずかしくなるんですよね。

私の話で恐縮ですが、私も「綺麗になりたい」が言えない女でした。学生時代はスポーツに打ち込んできたので、「見た目に気をつかうのは、堕落の証拠」という、謎の罪悪感がありました。この仕事につくまで、ずっと猿くらいのベリーショートで過ごしていました。

その後も、「人を見かけで判断するなんて、人間として浅い！」という謎のポリシーを持ち、寝てない自慢をする人みたいに、美容に気をつかわない自慢（「いや〜、メイクって忙しいと後回しになっちゃうんですよね」）をしていました。

私の場合はスポーツが発端でしたが、「母親に色気づくなと言われた」「友達にメイクを笑われた」「彼氏に髪型を変だと言われた」などで、なけなしの勇気をこなごなに粉砕され、それ以降、自分の見た目に意識を払うこと自体を封印してしまっている人もいます。

もしあなたがそうだったとしたら、私は「綺麗になっていいんですよ」って声をかけたいです。できれば、直接手を握って、あなたにそう伝えたいです。

「綺麗になりたい」を言いたくなければ、もちろん、それ以外の言葉でもいいです。「仕事で成果を出したいから、マナーとして見た目に気をつかおう」からスタートするのでも、全然いいです。「ママ友達とうまくやることは子どものためにもなるから、身ぎれいにしよう」でもいいんです。

とにかく、なんらか理由をつけて、自分が見た目に意識を払うことに対して、許可を出してあげてください。

私の場合、「ヘアのライターなのだから、これも仕事のうち」と自分に免罪符を与え、髪を伸ばすことからはじめました。もし、自分の気持ちがいろいろこじれちゃっていたら、そんなところから、はじめてみるのはどうでしょう。

＊シャンパンタワーを上から満たそう

自分のために、お金や時間を使うことに罪悪感を感じる人もいるかもしれません。自分のことより、家族や、彼氏や、仕事相手のことばかり気になってしまうかもしれません。きっと優しい人なんだと思います。

でも、そんな人にも、私は自分を一番大事にしてほしいと思いますし、**あなたが自分を好きになり、自分に自信を持てるようになったら、きっとまわりの人たちも幸せになりますよ**とお伝えしたいと思います。

（有名な話なので、ひょっとしたらご存じの方も多いかもしれませんが）「シャンパンタワーの法則」を知っていますか？

4段に積み上がったシャンパンタワーを思い浮かべてみてください。そのタワーの一番上には、グラスがひとつ置かれています。その1段目にあるグラスは「あなた自身」です。2段目は「あなたの家族」、3段目は「友達や仕事仲間」、4段目は「お客様や知り合い」です。

このシャンパンタワーにシャンパンを注ぐとき、途中の段からシャンパンを注ぐといつまでたっても、自分のグラスは空っぽのままです。でも、まず、自分のグラスから満たしていくと、2段目や3段目、4段目にシャンパンが流れていきます。

自分が満たされ、自分に自信が持てるようになると、それはきっとまわりの人にもいい影響を与えていきます。

もし「私なんかが……」と罪悪感を持ってしまいやすいなら、シャンパンタワーの法則を思い出してみてくださいね。

Point

× 私なんかが綺麗になるなんておこがましい

○ ●●のために、いったん綺麗になっておこう

◎ 私のために綺麗になろう

誰といるときの自分を大きく育てたいか

＊女の願望は矛盾だらけ

さて、どんな自分になりたいか、20個書き出し、それを3つに絞り、なぜそのキーワードを選んだのか、理由を考えてもらいました。このワークの途中で気づいたかもしれませんが、人は意外と矛盾した願望を抱えています。

・かっこいいも、可愛いも、両方かなえたい、とか

・色っぽいのに憧れるけれど、ピュアな感じも捨てがたい、とか

ほかにも

・プライベートでは若く見られたいけれど、仕事では大人っぽく見せたい

のように、シーンによって自分を使い分けしたいかもしれません。

この場合、あなたがすでに髪の上級者で、ヘアアレンジ大得意！　という人なら、

オーダーは「アレンジのききやすい髪にしてください」の、一択です。アレンジするときには、その日の気分や、会う相手によって、3章の「髪キャラ」を意識しながら、ヘアアレンジしてくださいね。

でも、もしあなたが、**毎日雰囲気を変えてヘアアレンジするのは無理という人なら**（私は絶対に無理タイプです）、**優先順位を決めて髪型をオーダーしましょう。**

そのほうが、どっちつかずで迷走せず、結果的に「（本当の意味での）似合う髪型」を手に入れやすくなります。

では、何をよりどころにして、優先順位を決めればいいのか。

私だったら、「分人主義」の考え方を、参考にします。

＊私たちは、たくさんの「分人」でできている

「分人主義」というのは、『私とは何か「個人」から「分人」へ』で、作家の平野啓一郎さんが提唱された概念です。

私は、冗談ではなく、これは21世紀最大の発見のひとつだと思っているくらいなのですが、簡単に説明すると、**一人の人間、つまり「個人」は、実はもっと小さな単位**

の「分人」の集合体でできているという考え方です。

自分の中にも、会社の仲間用の自分（分人A）、友人用の自分（分人B）、夫用の自分（分人C）、子ども用の自分（分人D）……などがあり、それらは、全部「自分」であるというわけです。

この考え方を適用すると、人によって態度を変えるのは、「裏表があるから」ではなく、人によって、違う自分、つまり違う「分人」で接しているから、ということになります。

そして、ここからが本題なのですが、みんなが、髪型選びで迷っちゃうのは、ココに原因があると思うんですよ。

つまり、会社用の自分、友人用の自分、妻としての自分、母としての自分……。**どの分人にとってベストな髪型を選べば良いかがわからないから、迷ってしまう**。

「会社では大人っぽくかっこよく見られたい」

「でも、彼の前では可愛く癒し系に見られたい」

どちらも本当の気持ちだけれど、そこが自分の中でも矛盾するから、どんな方向性にしたいかがわからない問題が発生しているのです。

その場合、私は、**「どの分人を育てていきたいですか？」**と聞きます。
・誰といるときの自分が一番好きですか？
・誰といるときの自分が一番自分らしく心地よいですか？
・今、誰といるときの自分が大切ですか？
この答えが見つかれば、20個のうち、絞る3つのキーワードも、自然と決まってくると思います。

もし、今の自分がどうしても好きになれないなら、誰といるときの自分ならば、かろうじて好きといえるかを考えてみてください。そして、その人といるときの自分のキャラに、髪の性格を合わせましょう。

そうすれば、他の人と会うときの自分のキャラも、髪に引っ張られます。そのうち徐々に、心地よい自分の面積（分人の数）が増えていきます。

Point

×あれもこれも捨てがたい
○育てたい分人のキャラを後押しする髪型を選ぶ

美容院で何を伝えればいいか

さて、ここまで、

❶制限がない場合に自分がやりたい髪型をイメージして、その髪型にすればどんな雰囲気になれそうかを書き出す。

❷自分が形容されたい言葉を20個書き出す。

❸②で出てきた言葉の中で矛盾するイメージがあれば、どの分人を育てたいかを考えて、キーワードを3つに絞る。

❹どうしてそのキーワードにしたのか、その理由を考える。

という手順を踏んでもらいました。

では、いよいよ、それを美容院でオーダーするときの方法をお伝えします。

＊STEP１・なりたい自分のキーワードを伝える

まず、**美容師さんに、上記のワークで出てきたキーワードを伝えましょう**。私の心からのお願いです。ここまでは、どんなに恥ずかしくても、必ず伝えてください。

このキーワードによって、どんな性格の髪型にするかが決まります。「可愛いボブにしてください」と「クールなボブにしてください」では、美容師さんの切り方がまったく変わります。

この**キーワードを伝えずに髪を切ることは、１００点満点中45点はみすみす捨てること**だと思ってください（もし、どうしても恥ずかしかったら「本を読んだら、これだけは必ず伝えなきゃダメだと書いてあったので！」と、この本のせいにしてくださっていいです）。

さらに、なぜこの3つのキーワードが大事なのか、その理由まで伝えられれば完璧です。理由を伝えることで、美容師さんが提案してくれる髪型の精度が上がります。

たとえば、以前、私は久しぶりにある美容師さんに髪を切ってもらいました。そのとき、美容院に行く前に選んだキーワードは、①色っぽい、②優しそう、③おしゃれに見えるの3つでした。

そして「私、キャラ的に迫力が出すぎるんですが、最近仕事でもプライベートでも年下の人たちとばかり会うので、相手をビビらせない、優しくて色っぽい感じがいいです。でも、ヘアライターとしてのおしゃれ感はほしいです！」と、お伝えしました。

ちなみに、**キーワードだけ伝えるよりも、理由を添えたほうが、意外と恥ずかしくありません**。

＊ ＳＴＥＰ２・物理的な制限を伝える

その上で、物理的な制限があれば、伝えてください。たとえば、仕事の都合で結べる長さが必須ですとか、髪色はこれ以上明るくできません、など。ただし、あまりNGだらけだと、髪が持つ性格を生かすことができないので、そこは注意。

前に縮毛矯正やパーマ、黒染めなどをしたことがあれば、薬剤の選び方に関わるのでそれも必ず伝えてくださいね。

＊STEP3・写真を見せる場合は3枚以上見せる

もし、具体的に、こんな髪型になりたいというイメージがあるなら、ぜひ写真を見せてください。どんな美容師さんに聞いても「写真があると、とてもやりやすい」と言いますので、**むしろ美容師さんを助けるつもりで、恥ずかしがらずに写真を見せてくださいね。**

写真は3枚以上持っていくのがコツです。

というのも、1枚の写真だけだと、その髪型の長さ、形、色……など、どこが気に入っているかがわかりにくいからです。3つ以上の髪型写真を持っていくと「ああ、この前髪の清楚な感じが好きなのね」とか「この、毛先のふんわり感がほしいのね」などと、好みがクリアになります。

これは、たとえて言うなら、「好きな男性の顔は?」と聞かれたときに、「竹野内豊さん」と答えただけではいまいち方向性がわからない。でも、「松崎しげるさんと、平井堅さんの顔も好きです」といえば、共通項が見えてきて「ああ、そっち系の濃ゆい顔が好きなのね」と理解を深めてもらえるのと同じです。

また、**ショートやボブは、横から見たシルエットやカットラインが印象を左右しますから、正面だけではなく、サイド&バックの写真もすり合わせしましょう。**

みなさんには3章で、それぞれの髪型の性格を知っていただきました。だから、先ほどのキーワードと、この写真3枚の髪型のイメージが食い違うことは、ほとんどないはずです。

もし、あなたが伝えたキーワードと写真の髪型の性格が、ズレているようでしたら、美容師さんと相談して、何を優先するか決めてくださいね。

Point

- STEP1⇒キーワードと理由を伝える
- STEP2⇒物理的な制限を伝える
- STEP3⇒写真を見せる場合は3枚以上見せる

自分の希望を伝えるのがどうしても恥ずかしかったら……

ここまで読んでいただき、それでも「私なんかが、色っぽくしたいなんて言ったら、困らせてしまうかもしれない……」と気まずいようなら、今からする話をちょっとだけ聞いてください（気まずくない人は、ＳＴＥＰ４に進んでください）。

＊美容師になっていなかったら何になっていた？

先日、専門学校の先生に「最近の美容専門学生は、昔の生徒とタイプが全然違う」と聞きました。カリスマ美容師ブームのころは、「美容師にならなければ、服のデザイナーや料理人やウェブデザイナーになりたかった」という人が多かったそうです。ものを作りたい人、デザインがしたい人が選ぶ職業だったのでしょうね。

でも、最近は、「美容師にならなければ、ウェディングプランナーや介護福祉士、保育士になりたかった」という生徒さんがとても多いのだそうです。

つまり、今、美容師さんになっている（とくに若い人たち）は、**「誰かを助けて喜ばれる仕事につきたい」と思っていた人たちが多い**ということです。あなたの髪を切っていなければ、ご老人や赤ちゃんのお世話をしていたかもしれない人たちが多いんです。そう思うと、少し気が楽になりませんか？

美容師さんは、見た目がおしゃれですから、そんなおしゃれな人に、自分の希望を伝えることは気後れしてしまうかもしれません。でも、メンタル的には「自分のサポートで、誰かを笑顔にしたい」と思って仕事についている人たちばかりです。

あなたが「こうなりたい」と真剣に伝えれば伝えるほど、腕まくりして「よっしゃ！頑張ります」と、気合を入れてくれる人たちだと思ってくださいね。

Point

× 希望を伝えるなんておこがましい
○ 希望を伝えるほど頑張ってもらえる

なぜ美容院帰りの髪型が再現できないのか

＊STEP４・普段どんなスタイリングをしているかを伝える

話をオーダー方法に戻しましょう。そして、忘れずに伝えてほしいのが、**普段、自分が家でどんなスタイリングをしているのか**です。

髪を手ぐしで乾かすだけなのか、ブローをするのか、アイロンで巻くのが得意なのか……。それによって、提案する髪型が変わります。せっかく作ってもらった髪型も、家で再現できなければ意味がありません。

どんな自分になりたいのかと同様に、日頃のスタイリング方法も、あなたが美容師さんに伝えない限りは、伝わらない内容です。これを伝えてはじめて、「（本当の意味で）似合う髪型」を探すためのオーダーができたことになります。

もし、髪の乾かし方やスタイリングの仕方で困っていることがあれば、それもここで伝えましょう。

日本の20歳から60歳までの女性は、年間平均、4.4回美容院に通うそうです（ちなみに、この数字は、アジアの都市の中でも、もっとも低いといっていいほどの数字です）。

ということは、ざっくりいって、**365日のうち360日は、美容院ではなく、自宅で髪をセットする**ことになります。どんなにいい髪型でも、家で再現できなければ意味がありません。ですから、オーダーをするときは、先ほどの家でのスタイリング法に似合わせてもらうことを、忘れずに！　です。

＊「似合う顔型・髪質」のアイコンは無視していい

さて、ここまで伝えたら、ここからはプロである美容師さんにまかせるのがいいでしょう（**ここからの「おまかせ」は大いに結構です**）。ここまでお伝えすれば、あとは処方箋をもらうのを待つばかりです。

「え？　顔型や髪質の悩みは伝えなくていいの？」と思ったかもしれません。それに関しては、もちろん、伝えてもいいです。

髪のプロである美容師さんは、顔型や髪質については、あなたが伝えても伝えなくても、基本的には把握できています。顔型や髪質に似合わせることは、プロとして前提なので、そこは心配しなくていいです。ただ、あなたの口から悩みを伝えておけば「もし丸顔が気になるなら……」とか「分け目の薄毛をカバーするなら……」などと、美容師さんが言いやすくなりますから伝えるメリットもあります。

ただし、**悩みの解決法は、プロにまかせてください**。自分で「私はクセ毛なので○○は無理です」などと決めつけなくて大丈夫です。

また、ヘアカタログには、似合う顔型や髪質のアイコンがあることが多いと思います。「この髪型は、丸顔さんにおすすめ」みたいなアイコンです。

でも、**あのアイコンは、一切気にしなくて大丈夫です**。

ヘアカタログを作っていた身でこんなことをいうのも大変申し訳ないのですが、美容師さんに聞くと「どんな顔型でも髪質でも、それぞれ似合わせの技術があるから、関係ないですよ」と言われます。

もちろん、髪型によっては、量が多い人のほうがキマりやすいとか、丸顔の人のほうが映えやすいこともあります。髪質によっては、どうしてもできない髪型もあります。ただ、美容師さんに相談してみると、技術の工夫で、あなたに合うようにチューニングしてもらえることが多いので、アイコンを見て「私には無理」と思わず、まずは相談してみてください。

また、**だいたい半分くらいの人は自分の顔型や髪質を誤解しています**。自分で「私は軟毛だから」などと思っていたら、全然そうじゃなかったということもありますので、顔型や髪質の判断と似合わせ方は、プロにゆだねましょう。

Point

- ・STEP4⇓普段のスタイリング方法を伝える
- ・おまけ⇓顔型や髪質の悩みを伝えるのもよい

すれ違いやすいオーダーワード

STEP1〜STEP4（プラスお悩み）で、美容師さんには、あなたの希望がちゃんと伝わるはずです。ただ、それでも、ときどき美容師さんとお客様の間ですれ違いが起こることもあります。ここでは、美容師さんとお客様の間で誤解が生まれやすいオーダーワードを書き出しておきます。

「軽くしてほしい」という言葉は、すれ違いワード、ナンバーワンです。お客さまは、「軽く〝見せたい〟」の意味でいう人がほとんどですが、それを聞いた美容師さんの中には、「（物理的に）毛量を減らして軽くしてあげよう」と思う人もいます。すると、「え？なんでこんなにすかすかにされたの？」というくらい、軽いスタイルになってしまうことがあるのです。それ以外にも、パーマやカラー、表面の動きなどでも軽く見せることはできますので、どんな軽さを求めているのか、すり合わせしましょう。

「白髪をしっかり隠したい」も、危険ワード。私はかつてこれで大失敗しました。お客様は、「白髪を〝目立たないように〟したい」の意味でいう人がほとんどですが、そう言われた美容師さんは、「1本たりとも白髪が見えないようにしっかり染めてあげなくては」と考え、びっくりするほど真っ黒にしてしまうケースがあります。白髪染めにも、黒く染めて隠す、明るく染めてぼかすなど、白髪を目立たせないいろんな方法があることを知っておきましょう。

また、「クセをなんとかしたい」と私たちが言う場合は、だいたい「クセで髪型がうまくいかない」の意味で言いますよね。かならずしもストレートパーマや縮毛矯正をかけたいとは限りません。クセを活かして素敵なヘアになるならそれでもいいのか、それとも完全にストレートヘアにしたいのかを伝えるといいでしょう。

Point

△「軽くしたい」「白髪を隠したい」
○「軽く見せたい」「白髪を目立たせたくない」

美容師選びは、彼氏選びより、ダンナ選びより重要です

私は、よく「美容師選びは、彼氏選びよりも、ダンナ選びよりも大事」と主張しています。多少ジョークも混じっていますが、ほぼ本気です。自分の印象を決める髪を託す相手ですから、みなさんにも、ぜひ、素敵な美容師さんと出会ってほしいなと思います。

＊ 美容師さんは必ず「指名」する

ここから、これを試したたくさんの女性から「今までで一番いい美容師さんに出会えました」と、報告を受けている方法をご紹介します。

まず、自分のまわりを見渡してみてください。あなたが、あの人の髪型が素敵だな

とか、こんな雰囲気の髪型にしたいなと思う女性はいますか。その女性に「どこの美容院に行っていますか?」と聞いてみてください。そして、**その女性と同じ美容師さんを「指名」してください**。同じ美容院に行くだけではなく、必ず、その担当美容師さん本人を指名してくださいね。

予約を入れるときは、「○○さんの紹介(友人)です」と伝えましょう(ネット予約の場合も、だいたいコメント欄がありますので、そこに書いてください)。美容院によっては、紹介のお客様に一番大きな割引を用意してくれるところもあります。

この方法がうまくいきやすい理由は2つあります。ひとつは、その美容師さんが、あなたが好きな雰囲気の髪型を切れることが、その知り合いの方によってすでに証明されていること。技術が折り紙つきだというのは、安心です。

2つめ。今来てくれているお客さまの紹介となれば、美容師さんもより張り切って対応してくれるはずです。

*浮気してもいいんですよ

実際に髪の性格を決める、大事なカットやカラーをしてもらう前に、大勢《たいせい》に影響のない施術でお試ししてみるのも手です。

具体的には、ヘッドスパや、トリートメントなどで予約を入れて、気になる美容師さんにセットしてもらうとか。そこで好印象だったら、次回髪型チェンジをお願いするのもいいと思います。

最近では、月額で一定料金を払えば、加盟美容院でのシャンプー&ブローがし放題になるサブスクリプションサービスも話題です。今は大都市だけですが、このサービスはいずれ全国に広がると思います。まずはシャンプー&ブローサービスで、いろんな美容院を試してみて、自分が気に入ったところで切ってもらうのもいいでしょう。

「一度別の美容院に浮気したらもとの美容師さんに戻りにくい」「絶対にバレますよね？」という質問もよくされます。

お答えしましょう。まず、美容師さんは、**自分のお客様であれば1センチでもカットされたらすぐに気づきます。なので、浮気は必ず、バレます。**

ただ、別の美容師さんに切ってもらったのに、また自分のところに戻ってきてくれたというのは、美容師さんにとっては、かなり嬉しいことです。喜ぶ人はいれど、怒る人なんていませんから、元カレのほうがいいと思ったら、あっさり戻って大丈夫です！　むしろ前以上に愛してもらえるかも。

＊男の運命も髪で変わる？

ちなみに、「男の運命は髪で変わりますか？」と聞かれることがありますが、もちろん変わります。というよりむしろ、**男性の髪型選びは、女性以上に重要です。**

女性と違って、男性はメイクもしませんし、服装のバリエーションも多くありません。自分を表現できるアイテムが圧倒的に女性より少ない。だからこそ、男性にとっての髪は、女性以上に存在感が大きいのです。

統計的に、男性は美容院を浮気しない人が多いです（一方、女性と違って口コミはしません）。1カ所に長く通い続ける人が多いということは、気心知れている美容師さんと付き合えているということ。ぜひ、「いつもと同じ」ではなく、ご自身がどんな自分になりたいか、伝えてみてくださいね。

Point

×新規クーポンで適当に選ぶ
○友達の紹介で指名する

「一番上手な美容師」は、人によって違う

もし、今、通っている美容師さんが気に入っているのであれば、その人との関係性を深めていきましょう。

ひょっとしたら、今までは全部おまかせだったかもしれませんが、これからは、自分がどんな自分になりたいかを、伝えてみてください。

日本には、約25万軒の美容院があります。これは、コンビニの約5倍。日本じゅうの信号機の数より多いくらいです。美容師さんも約50万人います。その中で、**なんでも話しやすい美容師さんに出会えたのであれば、手離してはなりません。**

仕事がら海外の美容院取材もよくしますが、アジアはもちろん、アメリカでもヨー

ロッパでも、日本の美容師のカット技術は世界で一番高いといわれています。官僚の人たちと話をしても、いま、日本のあらゆる職業の中で、国際競争力があるのは、漫画家、建築家、寿司職人、そして美容師だと聞きます。

それだけ日本の美容師さんの技術は高いのですが、あなたにとって、ナンバーワンの美容師さんとなると、**経験年数が長いことや、技術が高いことだけが、すべてではありません。**

どんなに技術が高い美容師さんに切ってもらっても、あなたが話しにくくて、コミュニケーションがとれなければ、「(本当の意味での)似合う髪型」は手に入りません。**気心が知れていて、何でも相談しやすいということは、何にも増してアドバンテージ**です。

＊ あなたにとって一番カットが上手な美容師さんとは？

以前、私の友人が、ロングヘアをばっさりショートにしたいので、ショートカットが上手な美容師さんを紹介してほしいと言ってきたことがあります。ただ、私は、彼女が以前「今、通っている地元の美容師さんが、とても話しやすくて居心地がいい」と言っていたのを覚えていたので、「いつもの美容師さんと相談して、どんなショートがいいか決めるのが一番いいと思う」とアドバイスしました。

その美容師さんに切ってもらうことを決めた彼女は、「ショートにしたいけれど、似合うかどうか心配」と伝えたそうです。すると彼は、「まずは一度鎖骨までカットして、それでもやっぱりショートにしたいという気持ちが変わらなければ、今日、ショートまで切ってしまいましょう」と、提案してくれたそうです。

結局のところ彼女は、一度鎖骨まで切った自分の髪を見て、「やっぱり、ショートまで切りたい！」と思ったらしく、そのままばっさりカットしたそう。その美容師さんが、心配な彼女の気持ちに寄り添って少しずつ切ってくれたので、不安になることもなく、大満足のヘアスタイルになれたそうです。

ショートヘアを上手に切ってくれる美容師さんは、たしかにいます。でも、〝あなたの〟ショートヘアを一番上手に切ってくれる美容師さんは、ひょっとしたらあなたの一番近くにいるかもしれません。

＊あなたのためのデザインは、あなたの中に眠っています

本当に似合う髪型を手に入れた人を見ると、私はその髪型が、最初からその人の内側に存在していて、ただ掘り起こされるのを今日まで待っていたような、そんな気持ちになるときがあります。

私の祖父は宮大工でした。私はおじいちゃん子だったので、祖父の神社回りやお寺回りについていくのが大好きでした。今でも覚えているのが、仏像の話です。

まだ小学生だった私が、「この仏さん、綺麗だねえ」と言ったとき、祖父は、「すぐれた仏師は、『木の中にはもともと仏さんが存在している』というんだよ」と教えてくれました。「だから、人間が余計な木をはらってあげるだけで、中から仏さんが出てくるんだって」、と。

余計な髪が全部落とされたとき、まるで生まれたときからそこにあったような、美しい髪型が、つるりと切り出されているときがあります。ああ、仏さんが出てきたようだなあと私は思います。

デザインという言葉の本来の意味は、何かを足したり、装飾したり、組み合わせたりするという意味ではありません。その語源には諸説ありますが、私は「デ（削り出し）・サイン（新しい形を与える）」とする説が好きです。

あなたの中には、すでに美しいあなたが存在しています。ハサミの力で、それを削り出してもらいましょう。

＊一生を共にできる美容師さんと出会ってくださいね

美容師さんとお客様のお付き合いというと、ひとつ、忘れられない話があります。

2年前のことです。仙台の講演会に、一人の男性美容師さんが来て、話しかけてくださいました。聞けば、岩手県の一関から来たのだと言います。

その方は、それまで続けてきた美容院をそろそろ店じまいしようと考えていたそうです。自分も歳を重ねたし、お客様も高齢者が増えてきた。震災の影響も深刻でした。おそらく還暦近いであろうその美容師さんは、自分の指先を見つめながらぽつりぽつり話してくれました。

「でも、『女の運命は髪で変わる』を読んでね、俺、もう一回美容師頑張ろう、最後の一人まで切らなきゃって、思うようになったんよね。最近は、足腰が弱くなって、美容院から足が遠のいたお客様に、家までの送迎サービスをしてあげてるんよ」

そう教えてくれました。

送迎をはじめてから、久しぶりに予約をくれたおばあちゃんがいたそうです。

髪を綺麗にしてあげて、往復80分かかる家におばあちゃんを送ってあげる帰り道、「また迎えに来るから、遠慮せんと、いつでも予約してね」と、その美容師さんが声をかけたのだけれど、後部座席からは返事がありませんでした。心配した彼が後ろの席をふり返ると、そのおばあちゃんは静かに涙を流していたといいます。

「生きている間に、あと、何回来れるかわかんないけど、そう言ってくれて本当にありがとう。最後までよろしくたのみます」って。

その話を聞いたとき、一人の美容師さんのその後ろには、何百人という、その美容師さんに髪と人生を委ねたお客様がいるということを感じました。

彼が辞めるのをやめたおかげで、きっとそのおばあちゃんは幸せだし、ほかのお客様も幸せだ。美容師さんとの関係は、それ以外のどんな人との関係とも違う、本当に特別な関係なんだと、感じました。
みなさんも、一生を共にできる美容師さんと出会えますように。一緒に歳を重ねていけますように。

Point

× 経験豊富で技術力の高い美容師さんがナンバーワン
○ あなたにとってナンバーワンの美容師さんがいる

Chapter

05

髪に、あなたができること

せっかく手に入れた似合う髪型を
美しくキープするために、
メンテナンスをしていきましょう。
ほんの少し、髪の触り方を変えるだけでも
あなたの髪は、もっと生き生き輝きます。

Chapter 05

ここでは、私が、髪のプロたちから教えてもらった
髪に、あなたができることを、
お伝えします。

モデルの髪には分け目はない

プロのテクニックとして、まずみなさんに知ってほしいのが「分け目をつけないスタイリング」です。Ａｒｏｕｎｄ30以上が読者のファッション誌をぱらぱら見てもらうと、どのモデルさんの髪にも「分け目がない」ことに気づくと思います。

実は、**分け目というのは、ほぼすべての女性にとって（とくに大人の女性にとって）、不要なもの**です。

薄毛は、分け目部分が一番目立ちます。白髪も、分け目部分が一番目立ちます。いつも同じ分け目で髪を分けていると、その分け目部分の頭皮が一番紫外線のダメージを受けます。**女は、分け目から老けます**。

そのことをよくわかっているプロの美容師さんやヘアメイクさんは、よっぽど特殊な狙いがない限り、モデルの髪に分け目を作りません。具体的には分け目部分をジグザグにしたり、分け目を斜めにして正面から見えないようにしたりします。これだけで、一気に髪がふわっとふくよかに若々しく見えますから、ぜひ試してください。

＊記念撮影で髪をおさえつけていいのは30歳まで

これもプロのテクニックですが、モデルさんと撮影したあとや、ご飯を食べたあとに、「SNS用の記念撮影でもしよう」となったら、全員が全員、トップや後頭部の髪を指で持ち上げてボリュームを出す仕草をします。

昔は、記念撮影をするとき、髪がふくらんで頭でっかちになっていないか、ボサボサになっていないかと、髪をなでつけてから撮影をしたと思います。

でも、これをしていいのは30歳まで！　それ以降は、トップや後頭部を高くふくらませたほうが、若々しく健康的でリッチに見えます。**記念撮影では、トップをおさえるのではなく、ふくらませる。**これ、鉄則です。

Point

× 写真撮影で髪をなでつける。分け目をつける。
○ 写真撮影で後頭部を持ち上げる。分け目をぼかす。

360度、全部あなたです

自分の髪型が人からどのように見えているか、知っていますか？

前にもお話ししましたが、一日のうち、あなたの顔を正面から見ている人は、ほとんどいません。**多くの人は、あなたの横顔や後ろ姿、つまりサイドの髪とバックの髪を見て、あなたをあなただと認識しています**。

だからまず、あなたの髪が、①横からどう見えているか、②後ろからどう見えているか、もしデスクワークで上から覗き込まれることが多いのであれば、③少し上の角度からどう見えているのか、一度でいいので写真を撮ってもらってください。

人生のほとんどの時間は、その3枚の写真の角度から見られています。あなたが鏡で見ているのと同じ角度で見られている時間はそこまで多くはありません。

その写真を見て気づいたことはありますか？

あれ、想像していたよりも、頭頂部がぺたんこだなとか、分け目が目立っているなとか、残念な気づきがあったかもしれません。でも、それは綺麗への大いなる一歩です。次にスタイリングするときは、その部分を気にしてみてください。美容院でも仕上がりのサイドとバックの写真を撮ってもらいましょう。そして自分でスタイリングしたときに、そのときの形が再現できているか、チェックしてみてください。

また、毎日自撮りをすると必ず綺麗になります。これはファッション、美容、ダイエットなど、あらゆる女性の見た目ジャンルのコーチが実践的に証明し、口をそろえて言っていることです。

自撮りとは、自分を諦めない行為だと私は思います。「いや、もうちょっと綺麗に撮れるだろう」と祈るような気持ちで何枚も自分の写真を撮ることをくり返すうちに、〝本当に〟綺麗になるのです。ボトックスより効きます。いや、本当に。

Point

×髪を鏡でチェックする
○髪を写真でチェックする

髪には賞味期限がある

髪には、賞味期限があります。

どんなに美しい髪型も、時間が経てば、腐ります。


美しくキープできる賞味期限の設定は、髪型によっても変わります。

美容師さんに、「どれくらいもちますか?」と聞いて、歯医者さんのように、次回予約を入れてしまうのがいいでしょう。えてして髪は、ある日突然「うわっ! 急にまとまりが悪くなってきた」と感じるものですが、そのときにすぐに予約が取れるとは限りません。あらかじめ予定しておいたほうがイライラする期間が短く済みます。

ショートやボブは、髪が伸びるとシルエットが崩れ、もたつきやすいものです。ですから、1カ月から2カ月くらいで美容院にいくのがいいでしょう。ミディアムからロングヘアは、比較的もちがよくて3カ月くらい大丈夫なスタイルも多いです。

ロングヘアなら半年から1年くらい美容院にいかなくても平気という人もいます。たしかにロングだと、伸びてもそこまで気にならないし、切りそろえるだけにお金を払うのはもったいないという気持ちもわかります。

ただ、**髪は毛先から古びていきます**。たとえば切り花を買って花瓶に挿しておくと、先がだんだんぐじゅぐじゅになっていくと思います。髪も同じです。毛先から栄養分が抜けていき、毛先から古びていきます。ですから、お花を切り戻しするように、毛先もときどき切り戻してあげると、フレッシュな切り口が戻ってきます。

＊あなたの毛先は歴戦に耐えた勇者です

突然ですが、今あなたの頭から（いや、顔から、でした）生えている髪は、だいたい何年ものの髪か知っていますか？

髪が生え始めてから肩まで到達するのに3年かかるといわれています。この毛先が、3年も私と一緒に人生を過ごしてくれているんだと思うと、ちょっとしみじみしちゃいますよね。

3年間かけてその長さになったということは、肩につく長さの毛先部分は、365

日×3年で、約1000回のシャンプーにさらされていることになります。ロングヘアの毛先であれば、2000〜3000回のシャンプー摩擦をくぐりぬけてきた、歴戦の勇者です。

その古い毛先を半年も1年もずっとぶらさげておくのは、洗濯をくり返して毛玉だらけのセーターを着ているようなものともいえます。

伸ばしっぱなしの毛先からは、幸せがこぼれ落ちていきます。

ロングヘアだからといって、伸ばしっぱなしにはせず、ときどき切りそろえて、古い自分を断捨離してあげてくださいね。

＊ あなたの髪を誰かの支えにする

最近では、ヘアドネーションのために髪を伸ばしているという人も聞きます。ヘアドネーションというのは、「髪の寄付」のこと。病気でウィッグが必要な人たちの元に届きます。

ヘアドネーションは一般的に31センチ以上の長さが必要といわれますが、最近は帽子やターバンなどに髪を縫い付けて使う方法も増えてきていて、15センチからでも受け付けているところもあります。

私の友人にも、小学生の娘さんと一緒に、髪を寄付したと言っていた人がいました。幼いお子さんの髪の毛が、同じくらいの年頃の患者さんのウィッグとなって、心の支えになるところを想像すると、胸が熱くなりました。

もし、今ロングヘアで、髪をばっさり切ろうと思っている方には、ヘアドネーションという選択肢があることをお伝えできればと思います。

ヘアドネーションは、取り扱い店でなくても、相談すれば多くの美容院で受け入れてもらえます。担当の美容師さんに聞いてみてください。

Point

× 髪がまとまらなくなってから予約を入れる

○ 髪の賞味期限を聞いて事前予約をしておく

シャンプーで髪を洗ってはいけない

＊日本人はシャンプーしすぎ？

日本人女性の7割以上は、毎日シャンプーをするそうです。一方、欧米女性で毎日シャンプーをすると回答した人は、わずか2割程度。日本は湿度が高い国ですから、単純に他の国と比べるわけにもいきませんが、世界的に見てもシャンプー好きの国だということがわかります。

日本人がほぼ毎日シャンプーをするようになったのは、1990年代後半からです。たったの20年前ですね。戦後は月に1〜2回が普通でしたし、平安時代は、年に1度か2度だったそうです。だから2メートルも髪を伸ばせたんですね。

この話を聞いて、あれっ？　と思った方もいるかもしれません。そう。**実はシャンプーは、髪に負担をかけます**。カラーやパーマ、アイロンなどで髪が傷むと思っている人が多いかもしれませんが、毎日のシャンプーによる摩擦も、髪のダメージにつながります。髪は水に対してとてももろく、濡れているときに一番傷みやすくなります し、栄養分も流出しやすくなります。

では、シャンプーをしないほうがいいのかというと、そうともいえません。なぜなら、頭皮の汚れはできるだけとったほうがいいからです。髪の毛は、夜寝ているときに育ちます。髪の毛が伸びようとしているときに、頭皮の毛穴に汚れがつまっていたら、健康な毛が生えてきにくくなります。

ちょっと乱暴な言い方になりますが、髪の毛のことを考えたらシャンプーはなるべく少なめにしたいけれど、頭皮のことを考えたら毎日シャンプーしたほうがいいという感じです。

という前提をふまえ、**シャンプーは髪を洗うものではなく、頭皮を洗うもの**だと思ってください。毛先はできるだけごしごし摩擦せず、根元付近をマッサージするように洗いましょう。シャンプーのときに頭皮をしっかりマッサージすると、顔も引き上がります。

ときどき、髪を両手で挟んで拝むように洗っている人がいますが（通称・拝み洗い）、これは絶対NGですよ。

無用な摩擦を避けるためには、先にしっかり湯洗いをしておくのがおすすめです。湯洗いで8割の汚れは落ちると言われていますし、湯洗いをしておけばシャンプーの泡立ちもよくなりますから髪をごしごしこすらなくてよくなります。

＊ 髪を回復させる魔法の呪文はない

一方、トリートメントは髪の毛のためのものです。頭皮にはつけず、根元以外の毛につけていきます。

とはいえ、**髪の毛は死滅細胞です**（だから爪と一緒で切っても血は出ませんし、痛くありません）。どんな高級なトリートメントを使っても物理的に髪を修復することはできません。トリートメントをするのは、髪のダメージを減らすために、髪を保護する役割だと思ってください。

先ほどあなたの髪の毛先は歴戦の勇者だといいましたが、勇者のHPは、削られることはあれど増えることはありません。もし生まれたての健康な髪がHP100点満点だとしたら、その点数は、生活をするだけでも、どんどん減っていきます。トリートメントは、その点数をなるべく減らさないようにするものだと思ってください。髪にベホマ（回復の呪文）はないのです。

＊トリートメント不時着の悲しみ

トリートメントは、髪を保護するものです。でも、普通にぱぱっとトリートメントをつけただけでは、10万本ある髪のほとんどに、トリートメントは接触していません。

なるべくトリートメントと髪の毛の接地面積を増やすためには、**トリートメントをつけたあとに、目の粗いコームを通すといいでしょう。**指だけでは届かない毛にも、トリートメントがいきわたります。

トリートメントをつける前には、軽く水を切るのも忘れずに。びしょびしょのままの髪は水分で飽和していますから、それ以上トリートメントは浸透しません。

Point

×シャンプーは髪を洗うもの
○シャンプーは頭皮を洗うもの

美髪は夜に作られる

＊夜シャンのすすめ

髪の健康を考えたら、シャンプーは、朝ではなく、夜にしましょう。その理由はいくつかあります。

まず、髪は、眠りについて数時間後のゴールデンタイムに生えてくるといわれています。そのときに、頭皮に汚れがつまっていると、健康な毛が生えにくくなります。ですから、寝る前に頭皮を綺麗に保つのです。

また、朝シャンをすると、頭皮や髪を守るための皮脂が流れてしまい、無防備なすっぴん頭皮で紫外線を浴びることになります。

どうしても朝シャンしたいときは、皮脂（ワックスエステルといいます）を落とさないように、お湯で洗うのがいいでしょう。

＊頭皮から出る汗はくさくない（はず）

髪は濡れているときに、一番もろくなります。ですから、シャンプーをしたらなるべく早く乾かしてください。

ドライヤーの熱は髪を傷めるから、できるだけ自然乾燥したほうがいいというのは、間違いです。自然乾燥は髪が傷みやすい状態で長時間放置している状態です。髪に負担がかかる方法ですので、できるだけ避けましょう。

また、髪が生乾きの状態でそのまま寝ると、髪が摩擦で傷みやすくなるだけではなく、頭皮から雑菌やカビが生まれやすくなります。

実は、頭皮にある汗腺は、脇の下の汗腺などと種類が違い、頭皮から出る汗はくさくないといわれています。

もし、朝起きて、頭がくさいと感じるようなら、それは汗のにおいではなく、雑菌やカビのにおいです。寝る前にしっかり乾かしてくださいね。

＊女は夏に2歳、歳をとる

美容業界ではよく「女は夏に2歳、歳をとる」といわれます。

紫外線の影響、エアコンによる空気の乾燥などで、肌がダメージを受けやすいのです。そして、これは髪も同じです。夏場の紫外線とエアコンの乾燥は、髪や頭皮にもダメージを与えます。

一年で一番髪が抜けるのは秋なのですが、これは、夏場に受けたダメージで抜け毛が増えるからといわれています。

夏の間は、とくに朝シャンをやめましょう。せっかく頭皮を紫外線と乾燥から守ってくれる天然のベールが流れてしまいます。

といっても、夏こそ一番朝シャンしたい時期だと思いますので、どうしても我慢できないときは、お湯だけで洗ってください。

帽子や日傘はおすすめです。最近は、頭皮や髪専用の保護スプレーなども出ているようなので、それらを使うのもいいでしょう。

Point

× 朝シャンが爽やかで清潔

○ 朝シャンは頭皮にも髪にも負担

シャンプーは自分で選ばない

シャンプーほど、髪質によって合う／合わないが激しい商品もありません。またそのとき、手に入れた髪型や髪色によっても、合うシャンプーは変わります。

美容院で買うにしても、それ以外の場所で買うにしても、**自己判断せず、必ず担当の美容師さんに、アドバイスをもらってから買ってくださいね。**

かならずしもオーガニックシャンプーがいいとは限りません。とくに日本でいうオーガニックは、明確な基準がありません。もし、オーガニックにこだわるなら、フランスやイタリアなどの、厳しいオーガニック商品基準をクリアしたものがいいでしょう。

また、シリコンが入った商品が悪いわけでもありません。なぜか日本ではシリコンが悪者扱いされています。が、シリコンが毛穴につまるとか、髪から剥がれなくなるというのは都市伝説です（かなり昔には髪から剝がれにくくなるシリコンもあったようですが）。

そもそも昔から、日本のシャンプーの多くは、もともとノンシリコンでした。ノンシリコンという言葉のウケがよかったので、マーケティング的に強調されるようになってきただけなんですよね。そして、ここが大いなる矛盾だったりするのですが、**ノンシリコンシャンプーをうたっているシャンプーとセットのトリートメントのほうには、たいていシリコンが入っていたりします**。ワックスにも、洗い流さないトリートメントにも、だいたいシリコンが入っています。

ノンシリコンシャンプーを否定する気は全然ありません。気に入っているものは、ぜひ使ってください。ただ、シリコンを毛嫌いする必要はないことも、あわせてお伝えさせてください。

Point

× 自己判断でシャンプーを選ぶ
○ プロ判断でシャンプーを選んでもらう

どんなにいいドライヤーを使っても
その乾かし方では台無しです

＊見た目のツヤはすぐに出せる

どんなにいいシャンプーを使っても、どんなに高いドライヤーを使っても、髪の乾かし方が間違っていたら、全部台無しです。

私のセミナーに来てくださっている女性たちに、「普段、どんなふうに髪を乾かしていますか？」と聞いて実際にやってみてもらうと（セミナーにくるような美意識の高い人たちでも）半分は間違っています。温泉やジムの更衣室で盗み見する限りでは、7割以上の方が間違っています。

髪がいつもバサバサです。オイルを使ったほうがいいですか？　ミルクですか？という方に、正しい乾かし方をお伝えしたところ、何もつけなくても、次の日から髪がつるつるになったというご報告をもらうこともあります。髪の乾かし方を変えると、見た目のツヤ感も変わります。

＊ キューティクルを優しく愛でる

これはいろんな場所でお話ししていますが、見た目の髪のツヤは、スタイリング次第で改善できます。

多くの人は、ツヤ髪とは水分たっぷりの健康な髪だと思っています。実際、水分量をはかると、健康的な髪のほうが水分をたくさん抱えています。でも、私たちは普段、水分量計測器を片手に人と会い、髪のツヤを見極めているわけではありません。見た目にツヤっぽく見えるかどうかだけが、ツヤ髪かどうかの判断基準です。

そう考えると、**大事なのは、実際の水分量より、見た目の光の反射率です**。髪の毛の内部の状態はともかく、表面の凹凸をならしてキューティクルを平らにすれば、髪表面はスムースになって光をよく反射し、ツヤ髪に見えます。

これを体型にたとえると、着痩せして見える服もある。メイクにたとえると、肌のくすみをはらってくれる下地もある、というような感じです。もちろん、着痩せ服を着ても実際の体重は変わっていませんし、下地をつけても実際の肌はくすんだままなのと同じように、スタイリングは根本的な解決ではありません。だから、並行してヘアケアもしてくださいね。でも、実際に健康的な髪になるまでは、これで十分です。

というわけで、髪を乾かすときには、「キューティクルを優しく愛でる」ことを、まず意識してください。髪を雑に扱わないという気持ちが、まず大事です。

キューティクルは、魚のうろこのようなものです。そのうろこが、頭皮から毛先の方向に向かって重なっています。ですから、そのうろこに逆らって下から上にドライヤーの風をあてると、キューティクルがめくれてガサガサになってしまいます。包丁でねこそぎうろこを剝いでいるようなものです。そうではなく、常に、うろこの方向に沿って乾かすことを意識してください。根元でも毛先でも同様です。

最初に乾かすのは根元です。健康な毛が多い根元は水分をたくわえやすいので、一番乾きにくい部分です。逆に毛先は乾きやすいので、根元を乾かしているうちに、半乾きから8割くらい乾いてくるはずです。

オイルなどのスタイリング剤は、根元が完全に乾き、毛先も8割がた乾いたところでつけましょう。髪がびしょびしょのときにつけても浸透しません。

Point

× キューティクルのうろこを剝がす
○ キューティクルのうろこを閉じる

ドライヤーの冷風は、扇風機がわりではありません

＊ドライヤー選びは軽さと冷風ボタンがキモ

最近、超高級ドライヤーがたくさん出ています。実際高いドライヤーにはいいものも多いのですが、安いから髪が綺麗に乾かせないわけではありません。

❶髪がバサバサになると思ったら、**ドライヤーを疑うより先に、自分の乾かし方を疑ってください**（210ページ参照）。

❷その上で、やっぱりドライヤーを買いたいと思ったら、**軽いもの、冷風スイッチが簡単に使えるものを選びましょう**。

軽さの目安は、ドライヤーを頭の上に持ち上げたとき、2～3分は余裕だなと思うくらいの軽さです。キューティクルをめくらないように乾かすためには、必ず腕を上

げてドライヤーを使う必要が出てきます。重いドライヤーだと、それが苦痛になりますから、できるだけ軽いほうがいいでしょう。

風量が強いものは、早く髪が乾きます。濡れている時間が短いと髪のダメージも少なくなりますし、時短にもなります。ただ、一般的に風量が強いと重量も重くなりがちですので、その兼ね合いを見極めてください。

また、冷風切り替えボタンが使いやすい位置にあると、使い勝手がいいです。

みなさん、ドライヤーの冷風ボタンが何のためにあるか知っていますか？　**あれは暑い日に扇風機がわりに使うためのものではありませんよ**。

髪はタンパク質なので、熱を与えると変性して（形を変えて）、冷ますと固まります。つまり、**ドライヤーの温風で作りたい形を作り、それを冷風で固定するのが正しい使い方**です。

たとえば、トップにボリュームを出したいと思ったら、トップの毛束を指で上に持ち上げてその根元に温風を当てましょう。これで、重力に逆らうように髪が形を変えます。そのあと、根元に冷風を当てて冷ますと、髪が持ち上がるクセを記憶するというわけです。

＊ あなたのクセ毛はクセ毛じゃないかも

クセの直し方も同じです。

うねったりハネたりする毛束をとり、その毛を指ではさんでピンとまっすぐに伸ばします。その毛束の根元部分にドライヤーの温風をかけ、そのあと冷風をかけると、髪はまっすぐ伸びた状態を記憶します。

ちなみに、**髪には、「根元の毛が生えている方向と逆に毛先がうねる（ハネる）」という性質があります**。だから、うねっている毛先だけをのばしても、クセは伸びません。根元、つまり生え際部分のクセを伸ばす必要があります。

本物のクセ毛（という表現も変ですが）の人の髪は、根元からうねりが出ています。もし、根元はまっすぐなのに毛先だけハネるとか、梅雨時だけクセが出るという人は、クセ毛というよりは、ダメージで毛先がすかすかになっている場合が多いようです。そこに水分が出たり入ったりするから、クセが出やすくなるのです。

そういう人は、ストレートパーマをかけるよりも、トリートメントやヘアパックをするほうが、髪が落ち着くことがあります。美容師さんに相談してください。

ちなみに、ヘアケアについては、寺村優太さんが書かれた、『美髪のルール』（ディスカヴァー・トゥエンティワン）が詳しくておすすめです。

Point

× 温風で乾かすだけ
○ 温風で乾かし冷風で固定する

雨の日に勝てる女になる

＊湿度の高い日に女の実力が出る

髪は濡れているときに本来の形が出ます。ですから、クセ毛の人やダメージで髪の内部がすかすかになっている人は、湿度の高い日に髪が扱いにくくなります。朝、どんなに髪をブローしても、外に出ると髪に水分が入って、クセが出てしまうのです。

こういうときは、**これ以上髪に水分が出入りしないように水を嫌う油で蓋をしましょう**。油というのはオイルやワックスなどです。最初からウェット質感にしてしまうのも手です。

雨の日にも綺麗な髪がキープできている女性は、「やるな」感があります。

＊アホ毛チェックとそのおさめ方

とくに雨の日、髪の表面にほにゃほにゃの毛が浮くことがよくあると思います。このアホ毛があると、せっかくの髪型が美しく見えません。

手に負えない短い毛が増えると、人と会うのも面倒になってしまうかもしれません。こんなときにおすすめなのは、100均などで売っているリングコーム（柄のついたコーム）。その柄の部分にキープスプレーをかけて、その柄でやさしく髪の表面をなでてみてください。ほにゃほにゃのアホ毛がおさまって、表面が綺麗にスムースになると思います。産後脱毛のときも同じ方法が役に立ちます。

これは、美容師さんがヘアスタイル撮影をするときに、必ず最後にやるテクニックです。白い壁の前にモデルさんを立たせて、ほにゃほにゃ毛をこの方法でおさえて、カメラ前に立たせます。このほにゃ毛があると、一気に老けて疲れた印象になるので、これをシャットアウトするのは、大事なテクニックです。ぜひ試してみてください。

＊ブラッシングが向く髪と向かない髪がある

ブラッシングが髪にいいという記事を見かけたことがある人もいると思います。

たしかにブラッシングには、頭皮の血行をよくしたり、キューティクルを整えたりする効果もあります。

ただし、必ずしも、すべての髪にブラッシングが良いかというと、そうでもありません。

ブラッシングで髪がツヤっぽく見えるようになるのは、頭皮から分泌された皮脂を髪全体にいきわたらせて天然のワックスのようにツヤを出すこともひとつの理由です。でも皮脂がちゃんと分泌されていなかったり、朝シャンで皮脂を落としてしまっているのに、何度もブラッシングすると、単に摩擦を増やすことにもなります。

自分にはブラッシングが有効か、もし有効ならどんなブラシを選べばいいかは、ぜひ美容師さんに相談してください。

＊即「美髪見え」するスタイリング剤2倍の法則

これは私が考えたわけではなく、ファッションスタイリストの山本あきこさんに指摘されて「なるほど！」と思ったことなのですが、大人の女性のほとんどは、スタイリング剤の量が足りていないのだそうです。

大人になると、肌も髪も、自前で出せるツヤや照り感が減っていきます。だから、「ちょっと多いかな？」と思うくらい、人工的にツヤを足していいと言われました。具体的には、**普段使っているワックスやオイルを2倍にしていい**とのこと。

その話を最初に聞いたときは、私も「べたつかないかな」とか「ギラついて見えないかな？」とおそるおそるだったのですが、このアドバイスに従ってから「さすが、ヘアライターだけあって、髪が綺麗ですね」と言われる回数が突然増えました。おそるべし、スタイリング剤2倍の法則。

もちろん、根元からべったりワックスをつけてしまうと、重くなって髪のボリュームもつぶれてしまいます。ポイントは、中間から毛先に、やわらかいタイプのワックスやオイルをつけること。私はセット力のあるワックスをオイルでのばして使うことが多いです。

大人の女はスタイリング剤を2倍つける。騙されたと思って、試してみてください。褒められ回数が爆増します。

Point

× 油っぽくなるからスタイリング剤はなし

○ スタイリング剤で湿度もツヤもコントロールする

カラーチャートで髪色を選んではいけない

ヘアカラーを選ぶとき、毛束見本（カラーチャートといいます）で選んではいけません。あのちびっこい毛束の色で、全体の髪色を想像できる人は、あまりいません。5センチ四方のカーテンの布のハギレを見て全体をイメージできないのと同じです。

また、カラーリングに関しては、雑誌の写真もあまりあてになりません。なぜなら、同じ日に撮影したモデルさんでも、ロケで自然光で撮った写真と、スタジオで撮影した写真では、まったく違う髪色に見えるからです。

また、お客様に「この雑誌のモデルさんの髪色と、あなたの髪色、実際はどっちが明るいと思いますか？」と聞くと、半数は間違えます。それくらい、髪色や髪の明るさは、写真で判断しにくいのです。

ですから、カラーリングに関しては、「人頭」で確認するのが一番です。「あのスタッフさんより暗くなりますか？」「隣の席の人より明るくしたいです」というように、実際の誰かの「人頭」を基準に選ぶのが一番ずれません。

もし参考になる人がいないときは、カラーチャートを見ながら、今の私の髪の明るさは、何番の髪の明るさと同じですか？　と聞いてください（自分の予想と違って結構びっくりするかもしれません）。今の色から2レベル明るくしたり、暗くしたりすると、かなり印象が変わるというのを目安にしましょう。

＊明るめカラーが向くスタイル、暗めカラーが向くスタイル

ちなみに、私は、**ふわふわ系のパーマヘアにする人には、明るいカラーをおすすめします**。なぜかというと、髪色が暗いと髪の動きがつぶれてあまり見えないため、せっかくのパーマの浮遊感や空気感が、見た目でわかりにくくなるからです。

逆にストレートヘアの場合は、比較的落ち着いた色がおすすめ。というのも、ストレートヘアは、ツヤがあるほうが美しく見えやすいからです。極端に明るいカラーはどうしても髪に物理的な負担がかかりやすいので、もし、明るい髪色でストレートヘ

アにする場合は、まめにトリートメントをして、髪をいたわるといいでしょう。鈴木えみさんのように、しっかりメンテナンスされていて、明るくてもつやつやのストレートヘアは、美の迫力があります。

＊ホームカラーは全治1年？

市販のホームカラー剤は、サロンでのカラーに比べ、髪に負担が大きいです。

これはあまり知られていないことですが、美容院でカラーするときは、最低でも2種類以上のヘアカラー剤を使います。

ひとつは新しく生えてきた新生毛《しんせいもう》を染めるカラー剤（①）、もうひとつはすでにカラーが入っている既染毛《きせんもう》を染めるカラー剤（②）です。

色が入りにくい①は強い薬剤、すでにダメージがあり染まりやすい②は髪に優しい薬剤と使い分け、必要以上にダメージを与えない工夫をしているのです。

でも、市販の薬は根元から毛先まで同じ強さの薬剤で色を染めます。本来、根元に使うくらいの強い薬剤で全体を染めるので、髪に負担がかかりやすいのです。

また、サロンでカラーしたときは、アルカリ除去剤といって、カラー剤の成分を髪から落とす薬液を使うことがほとんどです。これをしないと、ずっと髪にアルカリが残り、キューティクルが閉じないので、毎日髪から栄養分が流れ出ていってしまうからです。でも、市販のカラー剤でアルカリ除去剤がついているカラー剤は、私が知る限りは見たことがありません。ホームカラーをしたあとに、髪が硬くなったりごわつくのは、ここに理由があります。

最近はいいホームカラー剤も増えてきていると聞きますが、それでもある毛髪診断士の方は、「市販のカラー剤を一度使うと、髪は全治1年」と言っていました。綺麗な髪を目指すのであれば、サロンで染めるにこしたことはないと思います。

とはいえ、毎回サロンでカラーリングをしたり、白髪染めをするのは、お金もかかります。ですので、できるだけリーズナブルに染めたいですよね。次のページから、その方法もお伝えできればと思います。

Point

× カラーチャートで髪色を選ぶ

○ 人頭で髪色を選ぶ

ヘアカラーの時短&節約技

＊カラー当日のシャンプーは禁止

まずカラーは美容院にいくたびに全部染め直す必要はありません。全部を染めるのは半年に一度くらいにして、それ以外のときは、リタッチといって、根元だけを染める方法で染めるのもいいでしょう。

白髪染めをしている人は、美容院で染める頻度も高いはずです。お得なカラーチケットや、年間パスポートがあるサロンで染めるのも、おすすめです。

それから、**カラーをした日はシャンプー禁止です**。この日シャンプーをしてしまうとせっかく入れたカラーが定着する前に流れてしまいます。もったいないことをしないでくださいね。カラー後数日はぬるま湯で洗うと、カラー剤が髪に定着するのを妨《さまた》げません。

最近では、月に一度行くカラーサロンと、髪型を変えるサロンを変えている女性も増えています。シャンプー&ブローだけではなく、リタッチし放題のサブスクリプションサービスも出てきていますので、近くに加盟店がある方は、ぜひチェックしてみてください。

＊サロン予約の直前、最後の1週間の乗り切り方

明るいカラーにする場合、根元をやや暗めに、毛先にいくほど明るいカラーにするグラデーションカラーは、根元が伸びてきても気になりにくいという特徴があります。ハイライトやローライトを入れると、いろんな明度の髪が混ざるので、これまた、根元が伸びてきたときに気になりにくくなります。

サロンの予約まであと1週間というときに、根元の色や白髪が気になってきたら、できるだけ分け目をぱっくりつけないことをおすすめします。

分け目がまっすぐついていると、新しく生えてきた毛と、カラーしてある毛の差が目立ちやすくなります。分け目をジグザグにとったり、分け目の根元をふわっと立ち上げたりすると、その生え際が気にならなくなります。

また、これは「あなたがなりたい自分（＝本当の意味で似合う髪型）」と、実用的な便利さとの兼ね合いになりますが、おでこ出し前髪（前髪なし）よりは、斜め前髪などの前髪ありの髪型のほうが、分け目をぼかしやすいので、根元のカラーが目立ちにくくなります。

分け目同様、顔周りの生え際の色は、一番気になるところだと思います。ここに白髪が出たり、真っ黒な地毛が出たりすると、他の部分との色の差が目立ちます。

その場合は、顔周りの毛を、一度自分の顔の方向に倒して乾かすことをおすすめします。根元の方向を前にもっていくと、正面から顔周りの毛の根元が見えにくくなります。

目立つ白髪が1本、2本出てきたときは、抜かずに根元から切ってください（抜いてしまうと毛根にダメージを与えます）。また、白髪用のカラーマスカラを使うのもおす

すめです。
美容院の予約までの最後の1週間！　というときは、ぜひこれらのテクニックで乗り切ってください。

Point

× 白髪を抜く
○ 白髪を切る

白髪はむしろチャンス

＊白髪は隠す？　ぼかす？

白髪が増えてきたら、むしろ、自分に矢印を向けるチャンスです。

それまで、いろいろほかに優先事項があって、美容院に行く回数も少なかったかもしれません。でも、白髪が出てきたら、否応なく自分の髪に向き合うことになります。

これをむしろ、チャンスに変えましょう。美容院との頻繁な付き合いが復活したら、確実に、美的感度もあがります。


白髪染めには、大きくわけて「隠すカラー」と「ぼかすカラー」があります。

隠す方法は、白髪を地毛と同じ色に染めて、隠すのが一般的です。いわゆる白髪染めというと、これをイメージする方が多いと思います。

一方、ぼかすカラーは、髪全体を明るめに染めたり、明るい毛束を混ぜたりして、結果的に白髪を目立たせないようにする方法です。この場合、カラー剤の種類にもよりますが、白髪部分は全体のカラーよりも、少し明るい色に染まります。白髪部分が明るく染まるので、ハイライトを入れたように見えることもあります。

私自身もそうしていますし、みなさんにもおすすめしているのは、ぼかす方法です。黒い画用紙に白いクレヨンで線をひくとはっきり目立ちますが、茶色やベージュの画用紙に白いクレヨンで線をひくと、そこまで目立ちません。

白髪をしっかり黒で染めようと思うと、薬液も強く深い色になり、顔がくすんだ印象になりやすいこともあります。また、暗く染めると、伸びてきた部分の白髪が目立ちやすくて頻繁に染めなくてはいけないことも理由です。

今まで白髪染め＝暗くしなくてはならないと思っていた人は、地毛を少し明るくする方法も選択肢のひとつにしてください。

＊染めないという選択肢

ここ数年、グレイヘアを目指して、白髪を染めずに育てる女性が増えました。ありのままの自分の髪色を、カラーリングで隠すような行為をしたくないという気持ちはよくわかります。毎月髪を染める経済的・時間的負担からも解放されたいという声もよく聞きます。

70歳を超えた女性に、「今まではずっと、グレイヘアの上からウィッグをかぶっていたのだけれど、もうこのウィッグをはずして自分の素髪で生活したい」と相談されたこともあります。私は、彼女の美しいグレイヘアをヘアメイクさんにセットしてもらい、プロフィール写真を撮影するお手伝いをさせていただきました。

彼女がそのプロフィール写真をSNSでお披露目したときは、たくさんのお友達から「素敵！」「私もこんなふうにしたい」とコメントが殺到していました。本来の髪色に戻った彼女の笑顔も、とても素敵なものでした。

もし、グレイヘアが、みなさんの「心に似合う髪色」であれば、私はぜひ、グレイヘアを楽しんでほしいと思います。

ただ一点だけ。美しいグレイヘアに移行するまでには、かなりの根気強さが必要です。白髪が育ち、全体が白髪になるまでには、ボブくらいの長さでも数年かかります。また、何年かけても総白髪にはならないタイプの人もいます。

私の母も、60歳くらいまではグレイヘアを目指していました（祖母が雪のように綺麗な総白髪でした）。でも、彼女の白髪は一向に増えず、ごま塩のようにまばらな白髪にしかなりませんでした。

結局、母はグレイヘアをあきらめ、60歳を超えてから生まれて初めてのカラーリングをしましたが、白髪を染めたとたん、「健康そうだね！」「体調が良さそう」と言われることが増えたらしく、それ以来、2カ月に一度のカラーリングを楽しんでいます。

グレイヘアが成功するかどうかは、元々持っている髪の性質にもよります。いつまでたっても、髪の毛全体に対する白髪の割合が30パーセントを超えない場合は、この先も白髪が増えない可能性があります。

ある程度の予想はつくと思いますので、自分がグレイヘアに向くかどうか、美容師さんに聞いてみてください。

Point

△ 白髪は徹底的に隠す
○ 白髪をぼかす方法もある

Chapter 06

髪と、あなたはどう生きる

髪は、あなたと共にあります。

命ある限り、あなたの髪が、
あなたを励まし、
勇気づけてくれる存在で
ありますように。

ここまで、髪の重要性、なかでも「髪型が、あなたの人生に与える影響」について、心をこめてお伝えしてきたつもりです。

こうやって文章を書いていると、我ながら「どうしてここまで、髪のことが好きなんだろう」と、しみじみ考えることがあります。

多くの人に髪の素晴らしさを知ってほしいと思う理由はたくさんあります。

でもよくよく考えてみると、一番大きな理由は、**髪が「自己肯定感」に直結していること**ではないかと思います。

前に、

「自分を好きになること」

「自分に自信を持つこと」

「自己肯定感を持つこと」

は、現代に生きる女性にとってのラスボスだとお話ししました。多くの女性が、ここに苦しんでいます。

髪は、この課題に、ひとつの解をくれます。

本当の意味で**自分に似合う髪型を手に入れるということは、自分らしさを大切にしようと、決めること**です。

自分らしい見た目を手に入れ、その自分とともに過ごす時間は、自分を大切に扱い、自身を肯定していくことにつながります。

婚活アドバイザーの第一人者の方に、こんな話を聞いたことがあります。

「結婚したいのに、なかなか結婚できない女性の共通点は、自己肯定感が低いことなんですよ。自分を肯定できないから、自分を好きだと言ってくれる男性のことも信用できないんです。だから一番大事なのは、自分を好きになることなんです」

それを聞いた私は、なるほど！　そうだったのか！　と膝を打ちました。

「(本当の意味で)似合う髪型」を手に入れた女性たちから「彼氏ができました」とか「結婚しました」という報告をたくさん聞くのは、単に髪が可愛くなったからだけじゃないわけですね。

彼女がその髪型を手に入れることで、自分を大切にしたり、好きになったりして、自己肯定感があがったから、「あなたのことが好きです」と言う彼の言葉を、素直に受け止められるようになったのか。そう気づきました。

自分と人を比べるのではなく、自己肯定感を持って、自分らしく生きていくこと。それは、本当の自由を獲得すること、ともいえます。

・自分が好きな自分を選び取り、髪に託す。
・「自分らしい髪」を大切に扱う。
・他の誰とも違う、自分を大事に思えるようになる。

そのプロセスを経る過程で、私は、たくさんの女性に、人と自分を比べることから自由になってほしいと思います。

口で言うほど簡単じゃないのはわかってる。

でも、髪は、必ず、あなたを助けてくれるはずです。あなたを励まし、あなたを勇気付け、あなたを導いてくれる存在になってくれるはずです。

＊

私が、ヘアライターとして生きていく決意を固くした、ひとつのできごとがあります。

それは、私がライターになって3年後くらいのことでした。私が毎月ヘアページを担当させてもらっていたある編集部に、読者からのお手紙が届いたのです。

いや、読者というのは正確ではありません。届いたのは、読者のお母様からの手紙でした。

長い手紙でした。今、覚えていることだけを書きます。

その方の娘さんは高校生で、もう長いこと登校拒否をしていると書かれていました。当時はまだ不登校という言葉が一般的ではなく、登校拒否と書かれていたと記憶しています。

自分の部屋からもあまり出てこないのだけれど、たまにそのお母様が掃除のために彼女の部屋に入ると、いつも机の上に雑誌のヘアスタイルの切り抜きが置いてあったのだとか。お母様は「この髪型が好きなのかな？　でも美容院どころか、学校にも行けないし……」と思っていたそうです。

ところが、ある日のことです。

ご家族がたまたま家を留守にしたとき、その娘さんは、一人で地元の美容院に行ったそうです。多分、その切り抜きを持って行ってくれたんだと思う。美容院から帰ってきた彼女は、家族も驚くほど可愛く、別人に生まれ変わって戻ってきました。そして、そのできごとをきっかけに、彼女はほんの少しずつ、学校に行けるようになり、この春、一度は諦めかけていた高校を卒業できることになったとのことでした。

お母様のお手紙は、あのヘアページを作ってくださった、すべてのスタッフさんに感謝しますと、締めくくられていました。

髪の力って、すごい。一人の人生を変えてしまうのだ！

私は、心の底から、感動しました。

そして、思いました。ああ、そうか、でもきっと。私がこれまで知らなかっただけで、こういうドラマは、きっと全国の美容院で、今も、この瞬間も、起こっているんだろうなと思いました。

私のヘアページの作り方が変わったのは、それからです。それまでは、ただただ、どの雑誌よりも可愛くておしゃれで旬なヘア写真が撮れればいいと思っていた。

でも、この写真の先には、生身の人がいる、と思ったのです。

この写真の髪型に憧れて、この髪型を手に入れることで、人生が変わる人もいるんだということを、私は知りました。

それからの私は、雑誌社のためでもなく、美容師さんのためでもなく、このヘアカタログの先にいる、彼女のような女性たちのためにページを作ろう。そう思って、今までやってきました。

雑誌が刷りあがると、いつも、顔を見たことのない女性たちのことを思い浮かべてきました。

このページを見て、髪を切りたくなってくれるかな。

ここで紹介した髪型は、あなたの人生を変えてくれるかな。

そこで出会った美容師さんは、あなたの人生のパートナーになってくれるだろうか。

この本をもう少しで書き終わる今も、この本を読んでくださっているあなたのことを思い浮かべています。

※

3年前、ある美容専門学校で、全校生のみなさんに、髪の大切さについて特別授業をさせていただいたことがあります。

1時間ほど話をしたあと、学生さんから質問を受けました。学生さんの質問って、いつも本質的だし、鋭いんですよね。あたふたしながら答えていたのですが、その中に、「髪はどれくらい、人の人生を変えますか?」という質問がありました。

聞けば、彼は美容師になることを迷っているとのことです。

私は瞬間的に「少なくとも、人の命は救えますよ」と答えていました。

最初に頭にぱっと思い浮かんだのは、不登校だった彼女のことです。

でもそれだけではありません。次の瞬間、驚くほどたくさんの女性の顔が思い浮かびました。

あの人も、この人も、髪であんなに人生が変わった。あの人はきっと命を救われた。

頭の中が、それまで出会った人の顔と、そのときにしていた髪型とでいっぱいになりました。そうです。私はこれまでに何度も、髪が人の命を支えてきた場面を見てきました。

歳を重ねていくと、誰しも、どうしようもない人生の辛い局面にぶつかることがあると思います。死にたいという読者の話を聞いたことは何度もあるし、実際に足を一歩踏み出しちゃった友達もいました。

昔は、そういうのが全然わからなくて、「死ぬ覚悟ができているくらいなら、なんでもできるじゃんか」と歯がゆく思っていました。でも、最近は私もいい歳になったので、そういう気持ちが本人にもどうしようもないものなんだろうなと理解だけはできるようになりました。そんなとき、他人がしてあげられることは、ほとんどなにもありません。

だから今は、もうどうしようもなく追い詰められた人と話すときは、2つだけ、伝えることにしています。

「あなたが死ぬと、私はとっても悲しいし、ものすごく落ち込むと思う」ということと、「どうせ死ぬのであれば、私にその髪くれないかな。私が紹介する美容師さんのところで、一回、髪切らせてもらえないかな」ってこと。

あるとき、そうして出会った髪が、私の大切な友人の命を救ってくれたと聞きました。

私は今までの人生で、髪を変えたことによって、どうしようもなく傷ついた心を立て直して「あっち側」に行こうとしていた人たちが、「こっち側」に戻ってきた姿を見てきました。

だから、髪は人の命を救うということを、私は信じています。

最後に、私自身の話を。実は、1年くらい前、私自身も髪に救われました。

死んでしまいたいとまでは思わなかったけれど、ちょっと辛いできごとと遭遇し、しばらく亡霊のように過ごしていました。自分でも手に負えないくらい落ち込んだのは、31歳で離婚したとき以来でした。

何日間家でぼーっとしていたか、覚えていません。だいぶ泣いて、泣き疲れたころ、ふと鏡を見たら髪がぼっさぼさだった。そういえばしばらく髪を洗っていないな、と思いました。最後に髪を切ったのも、相当前だった気がする。

久しぶりに、パジャマ以外の服に袖を通して、電車に乗りました。髪を洗うかどうか迷ったけれど、いいや、どうせ美容院で洗ってもらえるしと家を出ました。

人生がもう、どうしようもないくらいこじれたときには、この人に髪を切ってもらおうと決めている美容師さんがいる街に向かいました。私の家からその美容院までは、電車を乗り継いで乗り継いで、やっと着きます。

美容院が開くのを待って電話して、「何時でもいいので、一番早く予約が取れる時間でお願いします」と伝えたら40時間後の予約だったので、その日はそのまま、近くのホテルに泊まりました。

次の日、美容院に行くと、美容師さんは私の姿に驚いていました。

「え？　何年ぶり？　6年？　7年？」

鏡の前に座り、「どんな雰囲気にしたい？」と聞かれるまま、自分の希望を伝えているうちに、がっちがちに固まっていた心が少しずつほぐれてきたことに気づきました。

色っぽくしたいんですよ。ここのところ、どの撮影現場にいっても若い人たちだらけで、私、ビビられるんですよね。だから、優しい感じの髪型がいいです。あ、でも、最近髪の本を出したんで、取材されたり講演したりもするんです。だから、ヘアライターっぽいおしゃれ感も少し欲しいです。でも、刈り上げみたいな奇抜な感じは嫌です。色っぽく、優しくで、お願いします！

話しているうちに、
ああ、私、いまこんな自分になりたいと思っているなあ。
というか、結構欲深いな、私。
全然、自分のことを諦めてないじゃないか。

そう思ったら、自然と笑えてきた。

ふぁさっ。ふぁさっという音がして、髪が床に落ちていきます。結構な量の毛束が落ちていく。目の端がその毛をとらえます。
気づけば、どんどん頭が軽くなっていきます。落ちていく髪と一緒に、苦しくてねじれてこり固まった想いも、ぽとぽと落ちていくようでした。
顔を覆っていた髪がなくなると、うわーっ。私、ひっどい顔しているなあと思いました。クマがひどいし、肌もボロボロだ。とりあえず、いい化粧水買おう。というか、ちゃんと寝よう。あともう少し痩せよう。この髪に似合う服を買おう。次は、カラーリングもしたいな。

最後まで何も聞かれなかったし、またおいでよとも言われなかったけれど、その日最後の客だったからか、美容師さんが外まで出てきて見送ってくれました。

その姿が見えなくなったとき、ふと横を見たら、お店の窓ガラスに知らない女性が映っていました。一瞬自分とは思えないくらい雰囲気が変わっていて、「あ、これ、私か！」と思うまでに数秒かかりました。

その女性は、なんか、ちょっと色っぽくて優しそうで、おしゃれに見えました。

よし。この人に、追いつこう。そう決めて、私はまた電車を乗り継いで乗り継いで、東京に戻ってきました。

しばらく寝ていなかったので、電車のシートに座るなり、急激な睡魔が襲ってきました。電車の窓ガラスにも、いい感じの髪が写っていた。四十数時間前、何も考えられない頭で、「美容院に行こう」と立ち上がった自分を褒めてあげたい。

これからも、多分、私も、あなたも、いろんな経験をしていくでしょう。

いいこともあるだろうし、大変なこともきっと、ある。

だけど、この日、帰りの電車の中で寝落ちする直前に私は思ったんです。

私、これからの人生も、なんとなくきっと大丈夫な気がするって。
次は、どんな自分になろうか。
次は、どんな髪にしようか。
そう考えれば、前に進めるような気がする。
そうやって生きていけば、これからもきっと、なんとかなるんじゃないかな。

そんなふうに思いました。

あなたにとっても、
健やかなるときも、病めるときも、
あなたの髪が、あなたの味方をして、励まして、元気づけてくれますように。
私は、心の底から、それを、祈っています。

あなたの運命を変える髪と、あなたが出会えますように。

（完）

いつもいつも、私に、髪が持つ力を見せ続けてくれる、全国の美容師のみなさんに。みなさんのおかげで、この本が書けています。これからも、お身体に気をつけられて、お客様と豊かな人生を共にしてくださいますように。

原稿に貴重なご指摘をくださった安藤信子さん、安藤英樹さん、大塚吏恵さん、神代裕子さん、柴山由香さん、鈴木美穂さん、寺元秀夫さん、那須久美子さん、両角晴香さん、八木花子さん、米田美由紀さん。忌憚のないご意見をありがとうございました。

表紙を撮影くださったフォトグラファーの中村彰男さん、GARDENの高橋俊友さんと伊藤愛子さん、モデルの五十嵐彩瑛さん、ありがとうございました。撮影、とても楽しかったです！

幸せなイラストを描いてくださった南夏希さん、素敵なデザインをくださった加藤京子さん、我妻美幸さんご一緒できて幸せでした！

前著『女の運命は髪で変わる』で、私に著者になる機会をくださった、編集者の綿谷翔さん、蓮見美帆さんにも、改めて感謝をお伝えさせてください。

最後になりましたが、調子に乗ったり不安になったり、爆走したり滞ったりする私の筆を、なだめて励まして、導いてくださった、幻冬舎の羽賀千恵さん。羽賀さんにインタビューさせていただく機会がなければ、この本を書こうと思わなかったと感じます。長い時間を伴走くださり、本当にありがとうございました。これからも、女性の背中をそっと押したり、寄り添ったり、バンバン叩いたりする本を、ご一緒できたら嬉しいです。

最後まで読んでくださり、ありがとうございました。

2019年10月　佐藤友美

Staff

[撮影]

中村彰男

[ヘア]

高橋俊友（GARDEN）

[メイク]

伊藤愛子（GARDEN）

[モデル]

五十嵐彩瑛

[イラスト]

南 夏希

[デザイン]

加藤京子・我妻美幸（Sidekick）

[編集]

羽賀千恵（幻冬舎）

[撮影協力]

GARDEN omotesando
ガーデンオモテサンドウ

TEL 03-5468-8686

東京都渋谷区神宮前 5-2-19 表参道山田ビル 2F

HP　http://garden-hair.jp/

〈著者紹介〉
佐藤友美(さとゆみ)　日本初のヘアライター&エディター。1976年、北海道知床半島生まれ。20年弱のヘアライター人生で、約4万人、200万カットのヘアスタイル撮影に立ち合う。「美容師以上に髪の見せ方を知っている」とプロも認める存在で、日本はもとより、海外でも美容師向けの講演を行い、セミナーを受けた美容師はのべ3万人を超える。歯切れのいい解説で、テレビ、ラジオ番組などで活躍する一方、ヘアアドバイザーとして全国の女性の髪の悩みにこたえ、高い満足度を得ている。著書に、ベストセラーとなった『女の運命は髪で変わる』(サンマーク出版)、『道を継ぐ』(アタシ社)などがある。

女は、髪と、生きていく
2019年11月25日　第1刷発行

著　者　佐藤友美
発行者　見城 徹

GENTOSHA

発行所　株式会社 幻冬舎
〒151-0051 東京都渋谷区千駄ヶ谷4-9-7

電話:03(5411)6211(編集)
03(5411)6222(営業)
振替:00120-8-767643
印刷・製本所:中央精版印刷株式会社

検印廃止

ISBN978-4-344-03541-6 C0095
幻冬舎ホームページアドレス　https://www.gentosha.co.jp/

この本に関するご意見・ご感想をメールでお寄せいただく場合は、
comment@gentosha.co.jpまで。